卢晓菁◎编著

"三新"背景下
基于数据驱动的
混合学习设计与实践研究

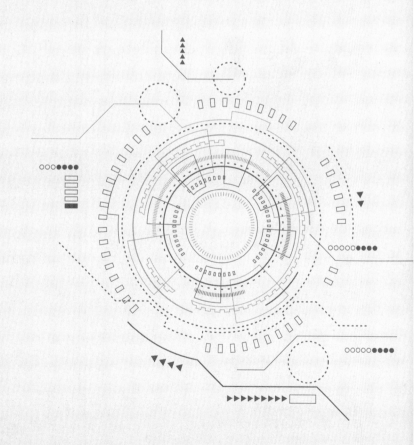

上海教育出版社
SHANGHAI EDUCATIONAL
PUBLISHING HOUSE

图书在版编目（CIP）数据

"三新"背景下基于数据驱动的混合学习设计与实践研究 / 卢晓菁编著. — 上海：上海教育出版社，2025.
5. — ISBN 978-7-5720-3474-9

Ⅰ. G632.0

中国国家版本馆CIP数据核字第20255PS352号

责任编辑　陈月姣
封面设计　馨　妍

"三新"背景下基于数据驱动的混合学习设计与实践研究
卢晓菁　编著

出版发行	上海教育出版社有限公司	
官　　网	www.seph.com.cn	
地　　址	上海市闵行区号景路159弄C座	
邮　　编	201101	
印　　刷	上海景条印刷有限公司	
开　　本	700×1000　1/16　印张 10	
字　　数	171 千字	
版　　次	2025年5月第1版	
印　　次	2025年5月第1次印刷	
书　　号	ISBN 978-7-5720-3474-9/G·3103	
定　　价	65.00 元	

如发现质量问题，读者可向本社调换　电话：021-64373213

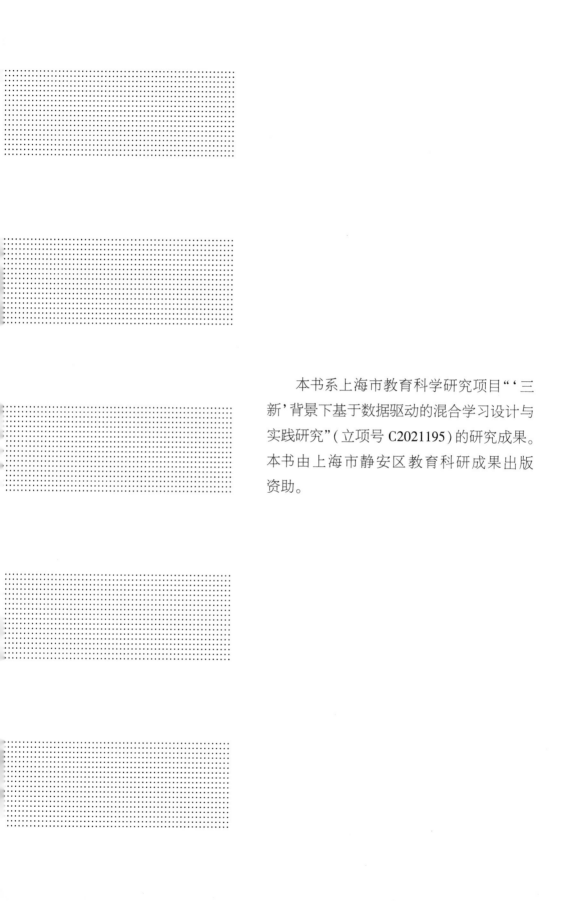

本书系上海市教育科学研究项目"'三新'背景下基于数据驱动的混合学习设计与实践研究"（立项号 C2021195）的研究成果。本书由上海市静安区教育科研成果出版资助。

前　言

普通高中 2022 年全面实施"双新",使用新课程、新教材,以"一核四层四翼"为评价体系的"新高考"和以发展素质教育为导向的"新中考"正在稳妥推进中,基于数据驱动的"教—学—评"一致性的混合学习设计是"三新"背景下为实现学习方式变革、改善教师教学决策提供了契机。

以核心素养为导向的人才培养趋势下,信息技术与教育教学融合的混合学习是培育核心素养的有效途径,混合学习的开展需要基于混合学习的环境建设和素养本位的教学方案设计。混合学习环境建设可从空间环境、课程建设和教师培训三个方面进行,营造开展混合学习的校域优质生态环境。基于学生视角、导向核心素养目标的新型教学方案的"学历案"是实施混合学习的着落点。

与素养本位相匹配的学历案站在学生立场,关注教学过程中育人目标的整体性、评价任务的进阶性、问题情境的真实性和学习场景的融合性等多个维度。学历案以学科核心素养为目标,通过教学方案的创新来促进课堂教学的深度变革,教师研读课程标准,基于教材和校本特色精心设计结构化的教学材料。学历案不仅是学生学习活动的对象,也是学生、教师、教学数据与教学环境要素互动的载体,使激活学生创造力的深度学习的发生成为可能。

由课堂观察测量结果、学生调查反馈、教研组学科教研、研究团队分析得出应用基于学历案的混合教学基于问题解决或项目实施促进学生的深度学习。单元学历案驱动了学生的结构性学习,促进了学生的高阶思维,提升了解决问题的能力,激活了学生的创造力,落实核心素养的培育。

在学历案的设计与实施的研究过程中总结了学历案设计的四个策略:构建研训体系,提升混合教学设计能力;开展教研,集众之智设计学历案;关注过程,提供深度学习的机会;单元学历案设计,提高学习的有效性。

在循证混合学习设计的合理性、可操作性和校本价值的实践研究过程中,搭建云学历案系统促进课程资源的迭代完善,挖掘教与学数据的潜在特性赋能混合学习,构建学校混合教学实施导图和平台教学模式操作流程图,制定学校混合教学课堂评价量表,三者作为学校教师开展混合教学的指导手册,为深入探索混合学习设计研究和实践有效机制提供了借鉴。

2025 年 4 月

目 录

第一章

项目研究背景
及现状分析

第一节　研究背景

一、时代背景

面对信息化和智能化时代的到来,泛在的、智慧的和个性的学习环境不仅包括物理环境,还涵盖了网络学习空间。混合学习模式在中学正逐渐兴起并蓬勃发展。教育信息化 2.0 给中学教育教学带来了机遇和挑战:它濒教育资源的有机组合、建设数字化知识图谱资源、技术与教育的深度融合以及提升师生的信息素养等方面,同时将教育技术嵌入到教育管理和学习系统中,以实现更加开放、适合、人本、平等且可持续的教育。因此,在教育数字化转型背景下,融合信息技术的混合教学可以将数据作为"教—学—评"的实证依据。

二、课改背景

随着"双新"的实施与推进,新课程与新教材已给学校各学科的教学带来了极大转变。为了更好地实现与"双新"的对接,推动新课程与新教材的落地,学校的教育教学亟需探索与之对应的学科教学方式与学科学习路径,以构筑完整的学科教育教学改革新样态。

新高考改革是一场兼顾公平与科学的改革,目的在于通过改变考试与评价方式,促使基础教育发生深度变革。"分类考试、分时考试、综合评价、多元录取、双新改革、等级选科、规范加分"中的每一项变革都指向中学教育的最终目标,即推动素质教育的高质量发展,培养多元化高素质人才。

随着《国务院办公厅关于新时代推进普通高中育人方式改革的指导意见》和《中共中央　国务院关于深化教育教学改革全面提高义务教育质量的意见》的出台,普通高中于 2022 年前将全面实施新课程、使用新教材。目前,以"一核四层四翼"为评价体系的"新高考"和以发展素质教育为导向的"新中考"正在稳妥推进。中学教育教学改革进入新的阶段,"怎么教""怎么学""怎么评"等基本问题成为"三新"背景下实施教育教学改革的新课题。

2020 年初,一场前所未有、超大规模的在线教学社会实践启动。当教育教学回归正常后,混合学习将成为教育新常态。然而,相较于传统学习,混合学习效果的影响因素更加复杂多变。当前中学混合学习实践面临要素纷杂无序、绩效监测缺位的难题,存在学习分析滞后、学习路径僵化、学习反馈低效的问题。对混合学习的研究亟需从"基本概念研究""教学模式研究"阶段提升到"教学设计与应用研究"阶段。

随着教育信息化的快速发展，众多教育信息化平台中逐步储存起各类教育数据。如何挖掘这些教育数据的内涵以进行教育决策，成为当前教育领域的热点，而且也是一个必然的发展方向。教育大数据对教育实践的变革有着巨大的作用，为改善教师教学决策和教学深度变革提供了契机。因此，在"三新"背景下，树立精准教学思维，开展基于数据驱动的混合学习设计与实践探索，具有独特的研究价值和引领作用。

第二节　研究现状

一、混合学习

在20世纪90年代中后期，伴随"翻转课堂"等网络教学的迅速发展，相比于传统课堂教学，网络教学的优势与不足都尤为明显，而为提升网络学习模式的有效性，结合网上学习与面对面学习优势的"混合学习"则应运而生。因此，混合学习是信息时代的产物，是伴随着人们对网络学习和传统教学效果进行实践、争辩、反思而出现并流行起来的一种教学方式。

从2001年开始，结合网络学习和传统教学的混合学习模式成为国际教育技术界研究和实践探索的重要领域。根据ASTD（美国培训与发展协会）2002年的定义，混合学习是把不同情境下的学习活动相结合的学习解决方案。国内学者对混合学习研究后，认为混合学习就是把传统学习方式的优势和网络学习的优势结合起来（何克抗，2004）。混合学习的本质是将"适当的"学习技术与"适当的"学习风格相契合，从而取得最优化学习效果的学习方式（黄荣怀等，2009）。

近年来，《新媒体联盟地平线报告》充分肯定了混合学习模式的优势，认为"混合学习设计"是高等教育技术应用的必然趋势。混合学习在学校教育中的应用领域在计算机学科相对较多，应用的研究内容在"应用模式""应用策略"方面涉及较多，而在中学学科教学应用方面研究较少。

二、数据驱动

数据研究对于实证研究至关重要，大数据时代的教学范式正在从经验模仿和计算辅助教学走向数据驱动的教学(杨现民等,2017)。数据驱动教学研究的核心是学习分析,它利用各种工具采集学习数据,应用分析技术研究教学实践中学生的学习经历、学习绩效和进展,为教与学的实时调整与改善提供重要支撑(Johnson et al.,2012)。近十年来,学习分析领域发展迅猛,关注热点从早期的学习分析定义、理论框架等逐渐转向学习分析在MOOC、高等教育等领域的应用研究,研究主题呈现多元化。但在相关实证研究中,数据来源的丰富性和研究视角的新颖性略显不足(李梦蕾等,2018)。

总体来说,对于数据驱动下混合学习设计的研究,主要是在高等教育和职业教育领域,涉及教育、教学和管理等各个方面。而在中学教育领域仅处于起步阶段,搜索到"混合学习"合并"数据驱动"的文献数量相对较少。"混合学习"研究内容主要集中在混合学习基本理论、混合学习模式建构、学习分析技术等,研究主要集中在大学、信息专业等,中学混合学习基于教学实践的循证性研究不足。

第二章

项目研究内容
及框架

一、研究目标

其一,整合混合学习校本经验,在"三新"背景下开展单元混合学习设计,构建师生互联的云学历案系统,优化混合学习路径。

其二,开发基于数据驱动的混合学习实践范例,总结中学各学科开展混合学习的实践经验,构建基于数据驱动的混合学习设计模式。

其三,探索获取、分析和运用"教—学—评一致性"数据的有效办法,推动"三新"背景下学习方式转变,促进学科核心素养和信息素养同步提升。

二、研究内容

1. 核心概念的界定

混合学习是指在信息化环境中,学生通过应用适当的媒体技术和学习资源来提高学习绩效的学习方式总和。本课题界定的"混合学习"概念中,包含信息技术支持、学习要素混合和学习绩效提升三个相互关联的学习表征。其中,技术支持是区别传统学习的外在表现,是混合学习的主要特征;学习要素混合是学习活动的实现过程,是混合学习的实施途径;学习绩效提升是学习活动的内在优势,是混合学习的最终目标。这里,我们扩展了"面对面教学+在线学习"的狭义混合学习概念,突出了混合学习的基本诉求,即技术支持下的学习优化,更贴合当前中学生学习的实际状态。

数据驱动是指通过对教育大数据的采集、存储和关联分析,从中发现教学相关关系、诊断教学问题、引导教学行为的教学决策过程。本项目中,数据驱动的混合学习设计,就是在传统"教师、学生、教学媒介、教学内容"四主体的基础上,增加"教学数据"主体,用教学数据联通线上和线下以及课前、课中和课后的教和学的全过程,让学习设计从以往依靠经验和直觉,转向依据数据决策和循证。

2. 研究对象

本项目以本校预备至高三共 7 个年级为基本研究范围,以校内中学生为主要研究对象。

3. 总体框架

本研究围绕"如何通过获取、分析和运用学与教的数据来设计和不断优化混合学习"这一研究主题展开。我们认为教学数据能够为混合学习的前端分析、学习路

径设计和学习评价设计提供支撑,从而促进混合学习的精准适配。因此,本项目拟围绕以下三个部分开展研究:

(1)数据驱动下的混合学习前端分析研究。采集学习目标数据、学情数据、学习内容数据和学习资源数据等,探索出混合学习的单元规划策略。

(2)数据驱动下的混合学习路径设计研究。设计单元大任务、面授学习任务、在线学习任务和混合学习任务等,采集学习任务数据,探索出混合学习的路径优化策略。

(3)数据驱动下的混合学习进阶图谱研究。采集参与学习数据、完成任务数据、学科核心素养水平数据和综合素质评价数据等,探索出混合学习的进阶描述和促进策略。

以上三个部分的研究内容,在教学实践和研究顺序上都是相互依存、先后实施的关系,凸显教师的教、学生的学以及学习评价三者之间的目标一致性和数据关联性。

4. 重点难点

本项目的研究重点在于规划混合学习系统设计与教学实践,以提高混合学习绩效。这涵盖了前端分析、学习路径设计和学习评价设计三个方面的规划内容。

研究难点在于如何客观全面地采集、挖掘和分析数据,从而精准地描述学习的投入、进展和绩效,进而为调整和改善教学提供依据,以优化混合学习路径。

三、研究价值

1. 学术价值

本项目的学术价值在于创建数据驱动的混合学习设计架构。近年来,学习设计进入了崭新的发展阶段,成为教育技术领域的新研究热点。如何打通学习科学、学习分析、学习技术等领域与学习设计的关系,是学习设计领域突破的关键(冯晓英等,2020)。在本项目中,我们从学习目标、学习任务和学习评价三个方面采集教学数据,将这些数据以教学单元的形式进行存储和分析,用于基于数据证据的教学决策,为面向智慧教育的学习设计提供一种新的学术研究视角。

2. 应用价值

本项目的应用价值体现在两个方面:一是形成以数据驱动为特色的混合学习设计示范样式和各学科实践范例;二是为优化混合学习路径提供可借鉴的实践经验。本项目立足"教—学—评一致性"的云学历案系统设计与应用,记录和生成混合学习数据,运用数据挖掘、分析及可视化等技术,提取有价值的教学信息,优化学习情境,因材施教,给予学生自适应学习路径和方法上的指导,从而为解决当前中学混合学习实践中存在的问题和面临的难题提供一种校本化方案。

四、创新之处

本项目的创新之处主要有三点。

一是构建基于"教—学—评"全流程数据的混合学习设计模式。针对当前中学混合学习研究中存在的重思辨轻实证、重技术轻设计、重共性轻个性的突出问题,突破倚重主观经验判断的教学决策瓶颈,形成"教师、学生、教学媒介、教学内容"与"教学数据"共融共通的混合学习设计新范式。

二是在"三新"背景下以单元教学观念统筹规划混合学习的设计和实践。在学校近年来对混合学习的空间建设、课程开发和教学应用的研究基础上,进行混合学习的单元目标、单元活动和学习评价的设计和实践研究,为核心素养在教学中落地提供可操作的实践经验。

三是通过云学历案的构建和应用,为混合学习设计研究提供实践着陆点。云学历案作为系统化联通教师的"教"和学生的"学"双方信息的载体,具有教学要素集成度高、数据采集全面、绩效监管便捷的优势,为解决混合学习实践中所面临的难题提供了一种技术路径。

第二节 研究思路方法

一、研究方法

文献研究法:搜集混合学习、学习设计、教育大数据等相关文献,重点关注混合教学设计、学习数据分析、学历案研究等文献,为本研究提供理论依据和借鉴成果。

案例研究法:选取各学科开展混合学习的教学实例,通过案例研究积累基于数据反馈和预测使学习质量明显提高的案例,并对典型案例进行教学跟踪和教研反思,为项目总结提供依据。

行动研究法:通过"假设、实施、总结反思、再调整、再实施"的步骤,开展校域内外的混合学习设计研讨、教学验证与改进等行动,及时反馈研究效果,边研究边调整,强调反思和优化。

经验总结法:撰写混合学习设计和实施后的教学反思,分析提炼实践经验,通过案例评选、公开教学、教学论坛等形式,总结归纳数据驱动对教学效果产生的积极影响因素。

二、思路方法

本项目研究的实施阶段、研究任务、实践行动以及相应的数据采集、数据分析和教学验证与改进的逻辑关系如图 2－1 所示。

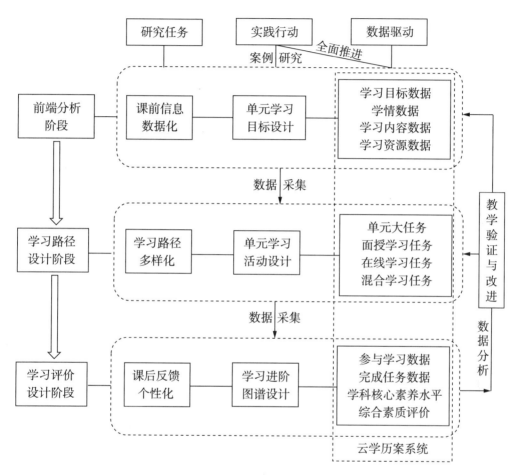

图 2－1　项目研究思路框架

在项目研究过程中,前端分析阶段拟实施的行动是架构云学历案系统,实现课前信息数据化;学习路径设计阶段拟实施的行动是使用课堂教学行为采集与分析系统,实现学习路径多样化;学习评价设计阶段拟实施的行动是整合学校信息系统、学习管理系统和在线学习系统,实现课后反馈个性化。

在项目推进过程中,上述各阶段的研究内容由构建和应用云学历案系统的实践行动予以串联,形成完整的混合学习设计与实践研究路径。

9

三、研究计划

第一阶段:文献调研和研究架构

任务:查阅文献资料,整理本校已有的相关研究,完成项目申请书,完成混合学习设计研究的情报综述,拟定子项目申报书,组建项目研究队伍。

第二阶段:混合学习前端分析研究

任务:开展混合学习设计、数据驱动教学、基于课程标准的学历案设计等方面的理论培训和研讨,拟定云学历案框架,完成单元学习目标的数据化,开展前端分析阶段的案例研究和全面实施,编辑前端分析优秀案例集。

第三阶段:混合学习路径设计研究

任务:整合混合学习资源,依据新课程新教材的学校实施方案,设计线下、线上相融合的单元学习活动,形成基于云学历案的学习清单,完成单元学习任务的数据采集,开展学习路径设计阶段的案例研究和全面实施,撰写项目研究的中期报告。

第四阶段:混合学习评价设计研究

任务:联结教、学、评多平台数据通道,实现云学历案的一网通,分类聚合混合学习数据,设计数据评价的可视化模型,完成学习进阶的图谱设计,开展学习评价分析阶段的案例研究和全面实施。

第五阶段:学术交流和项目总结

任务:开展子项目研究成果评选和交流,面向区域内外进行公开教学观摩和项目学术研讨,提炼研究成果,完成项目研究报告和专著撰写。

四、可行性分析

本项目研究契合当前中学教育信息化的发展阶段,研究环境成熟。在教育部《教育信息化2.0行动计划》的推动下,"互联网+教育"成为中学教学研究和实践的热点,后疫情时代走进赋能个性化教育的混合学习,将是教育信息化的必然。

本项目研究基于本校已完成的项目"完全中学提升核心素养的混合学习路径拓展与优化研究",研究基础扎实。前者项目已经营造了校域混合学习的良好生态,从数字校园建设、课堂教学创新和学生活动设计等方面积累了推进混合学习的大量实践经验。

本项目研究源于一线教学,用于一线教学,研究路径顺畅。教案撰写和教学设计是一线教师的日常工作,学校现有教学云平台和教学管理系统的应用已经成为常态化,广大教师对教学设计从"用经验说话"转向"用数据说话"的期待很高。

第三章

混合学习的
环境建设

随着《国务院办公厅关于新时代推进普通高中育人方式改革的指导意见》《中共中央国务院关于深化教育教学改革全面提高义务教育质量的意见》等文件的出台，新课程、新教材正在普通高中逐步实施，以发展素养为导向的"新高考"和"新中考"正在稳妥推进中。在信息化转型背景下，混合学习正在全面重塑教育生态，推动中学教育教学改革进入新阶段。混合学习的环境建设需要从空间环境、课程建设和教师培训三个方面着手，营造支持混合学习的校域优质生态环境。

第一节　建设新型混合学习空间

学校学习空间建设是营造混合学习氛围、实施混合学习研究的基础和保障，但其发展速度往往难以满足信息技术的飞速进步，因此也成为拓展混合学习研究的瓶颈。混合学习空间作为一个开放的系统，是融合人文关怀的实体要素和虚拟要素的学习广场。这种新型混合学习空间的构建，是从学校层面推进混合学习的"基础建设"。

一、移动校园空间和混合学习平台

为全面推进混合学习实践研究，完善移动校园建设，提升师生混合学习的信息素养，提高学校教育信息化的应用水平和效能，学校开发了"博雅民立"APP（功能说明见附件一）。作为学校移动校园系列应用的核心组成部分，"博雅民立"是为教师、学生（家长）和管理者提供基于"互联网+"的教学活动、学习生活和教育管理一体化服务的系统。学校在网络、软件和硬件等方面进行了全面优化，并在移动校园空间中专门开发了"混合学习"平台栏目，以最大限度地满足学生混合学习的需求。

二、"互联网+STEAM"创新实验室

学校以工程、艺术、科学、技术、数学课程为主线，开发了系列创新教学校本课程，创建了博雅苑自由学习空间、理化生数字化创新实验室、体教中心实验室和艺术创意实验室等新型混合学习空间。通过整合这些学习空间，学校成立了学生创新研究院（见附件二），以强化学生综合素质培养为教育"广博"之经，以培养适应终身发展和社会发展需要的正确价值观念、必备品格和关键能力为教育"高雅"之纬，以激活创造力为博雅育人之"核"，全面落实"双新"背景下的育人目标。其中，

博雅苑自由学习空间设有虚拟编程、无人机、物联网应用、3D 打印、视频制作、创客活动等 8 个专区,为学生提供了丰富的自主选择的多样化课程资源;艺术创意实验室则突出自主学习、娱乐学习和互动学习的特点,支持 3D 软件学习、艺术构想、创意设计、作品实现和情景故事演绎等多个学习环节的实施。

三、体育专项活动场所

学习搭建了民立中学体质健康与运动管理数字化平台,该平台包括"学生体质健康评价系统""学生场馆报到系统""学生 24 小时运动监控系统""学生体适能锻炼系统""学生体质数据综合分析系统"。基于各类信息化设备采集的学生运动数据,平台通过"体质健康评价""运动干预建议""健康保健教育""体质综合对比"等功能,实现对学生体质健康的全方位、全时段监测和指导。因此,学校可以通过研究基于个性化需求的高中体育专项课程混合教学,探索课程类型、教学模式、教学效果和学生需求达成度等问题。

四、系列化活动课程场所

学校精心打造校园环境,建设了体验植物种植的屋顶花园有机农场、感受百年校史的展览馆、传承历史的殷夫纪念广场、课余活动场所健身角、感受艺术气息的钢琴角、满足个性阅读的自助图书廊、体现创新创意的科技长廊等特色空间,并将这些精致的校园景观数字化,延伸至互联网空间,使之成为学生日常混合学习的重要外延场所。同时,学校还开发了系列校外实践活动,包括上海自然博物馆探究、"南西印迹"社校联动、德国友好学校交流、毛泽东旧居和中共二大会址讲解员、"民立杯"游泳赛事志愿者等项目,构建了具有一定规模的混合学习和评价的新型课程空间。

第二节 开发混合学习校本课程

要实现激活学生创造力的个性化教育目标,必须着力提升教师的校本课程领导力,并在教育方式方法上有策略性的改进措施。学校探索的基于挑战性学习任务的活动课程化,正是一个重要的突破点。

一、校本课程的线上、线下融通

校本课程建设是彰显学校特色的重要载体。学校重视校本课程的传承、更新和开发,已形成"创新创意、国际理解、艺术熏陶、人文传统、运动健身、自我发展"六大类型的百余门校本课程体系。为适应时间安排、课程特点和学生需求,学校创新性采用"线上选课、分享、互评,线下学习、体验、交流"的混合学习模式,并开发活动体验角等多样化形式。通过这一模式,未选到理想课程的学生可进行线上观摩、碎片化体验和"小老师"授课等活动,使学生能够全面参与课程体验、学习和评价的全过程,显著提升了校本课程的实施效果。

二、丰富课程满足混合学习的进阶

学习不仅是为了掌握一系列的学科知识,更重要的是围绕核心概念和共通概念——学习进阶之"阶",构建认知体系,形成适应个人终身发展和社会发展需要的必备品格和关键能力。基于学习进阶的混合教学,需要聚焦核心素养对校本课程进行更新与整合,才能满足学生个性化的学习进阶目标。为此,学校在高标准落实国家课程基本任务的前提下,着力建设更具质量品位、更富吸引力和挑战性的博雅课程群列。

经过多年积累,学校已开发了百余门校本课程,构建了博雅人文、STEAM 教育、身心健康、自然情怀和社会交往等系列校本课程群列。基于这些课程群列,学校打造了一系列品质精良、面向不同学习进阶目标的校本课程,如英语戏剧社、创艺工坊、博雅苑空间、学生体适能和学生电视台等。丰富的校本课程及其多维统整形成的博雅课程群列,直指学生发展核心素养的三个方面六大目标,成为研究混合学习设计的重要载体。

第三节 营造混合学习应用氛围

一、营造氛围,助推课堂混合学习应用

课堂是深化学校变革的主阵地,课堂教学变革是优化校域生态链的核心。学校将混合学习形态扎根于日常教学实践,通过持续反思和循证研究,促进混合学习形态的生根发芽与茁壮成长。学校将全面推进混合学习模式定位为"打造更有思

维含量,更富深度学习的高效课堂"的技术路径,立足课堂教学实践,内引外联,鼓励先行先进,积极营造校域混合学习氛围。

学校通过开展混合学习培训,引导教师深入学习混合学习理论,并付诸教学实践。混合学习技术个性化教学的多个维度,包括学习目标个别化、学习资源多样化、学习环境泛在化、学习过程差别化以及学习评价实时化等。鉴于教师对混合学习概念理解的差异性,以及课前课后线上资源有效应用的长程教学设计、日新月异的新技术应用等因素,学校持续开展混合学习研究的培训和考察活动。

学校定期举办混合学习教学研讨,着力提升教师的混合学习课程领导力。自2016年举办"民立中学年度学术季"以来,已成功举办九届学术季活动。学校始终坚持通过教育教学研究积极循证,借助市、区、校、教研组、备课组等教研平台,深入研究班级授课制下关注学生个性培养的策略,探索利用数字技术实现更科学高效、更具针对性的学习目标,有效推进数字化与个性化的深度融合。

学校通过举办混合学习教学竞赛,以任务驱动推进混合学习实践策略。青年教师是教育事业的未来,作为互联网环境下成长的一代,他们对混合学习形态具有天然的熟悉感和亲近感。为促进青年教师对个性化教育理念的思考和实践探索,研究学科核心素养内涵,充分发挥教育信息化应用优势,全面提升教学技能,学校定期举办面向1~5年教龄的青年教师教学大奖赛,以赛促教、以赛促研,循证提升混合学习形态课堂效能的有效途径和策略。

二、项目引领,锻造教师混合教学本领

深化混合学习,从形式上看是引领教师主动学习信息化、人工智能等新技术,积极有效探索教育教学变革;从本质上看,则是为教师专业发展搭建平台,是学校建设高素质专业化创新型教师队伍的重要途径。基于教师专业发展现状,学校通过规范培训、项目驱动、先进引领等进阶方式,着力打造新时代兼具学识情怀与发展活力的博雅教师队伍。

以项目为引领,推动教师人人成为研究者。混合学习重塑了学习形态,呈现出富媒体、无边界、自主空间等新型教育生态特征。个性化教育在混合学习形态下的深化效果,需要在实践中持续循证,在循证中实现螺旋式提升,直指师生核心素养的培养内核。在深化混合学习的过程中,学校将"教育教学研究能力"作为教师专业发展的关键突破口,鼓励教师通过课题研究、项目实施、技术应用、数据分析等多元平台和载体,深入开展混合学习实践研究。通过指导学生利用线上资源开展课

题研究,分析教育教学管理数据,准确把握教学现状和发展态势,充分发挥混合学习对个性化教育的促进作用。

锻造师资,夯实混合学习的基础。教师的专业发展离不开学校的培养机制和实现路径。随着学校通过项目持续推进教师专业发展,逐步形成了"组室团队创新项目评比"和"个人自主创新项目评比"双轨并行的项目驱动式教师专业发展模式。学校完善并制定了项目奖励方案,有效提升了广大教师直面教育变革、勇于创新实践的凝聚力和自我效能感。教师是一个需要终身学习的职业,成熟教师的发展进阶过程可分为学习理解、实践应用和迁移创新三个阶段。在深化混合教学的研讨和研究过程中,学校涌现出一批自觉应用混合教学理念,创造性地开展教育教学实践探索的教师,形成强有力的牵引作用和示范效应。

规范化培训,培养新教师的教研能力。刚入职的新教师是教师队伍的"源头活水",帮助新教师在职业生涯初期扣好"第一粒扣子"至关重要。学校在认真落实市师资培训中心制订的培训任务基础上,将混合教学理念融入课堂微技能训练,并将项目研究渗透到整个培训过程之中。

第四章

基于学历案的
混合学习设计

为落实上海市普通高中全面实施"双新"课改和义务教育全面落实"双减"精神，中学教学需要深化混合学习，促进学习的优化。学习的优化，必须从方案的专业化做起。单元设计是撬动课堂转型的一个支点，核心素养目标达成的教学形式是单元教学。同时，作为教案迭代的日常化单元教学设计，需要站在学生立场，关注学生完整的学习信息。因此，建立起课程价值内涵、教学设计理念与学生学习经历等内在联系的单元学历案，对营建校本教育教学新生态具有很强的现实意义和导向功能。

第一节　基于素养本位的混合学习设计

一、直面教案质量的"点""面"失衡现象

教学之源，始于备课；教学之效，行于实践。撰写教案是学校教学管理的基本要求，也是常规教学的应有之义。教案质量在很大程度上决定着教学质量的高低。然而，从学校每年的教学视导中可以看出，教师的教案质量存在着"点""面"失衡的现象。

学校每年都会在各年级开展教学视导，由教学主管部门负责，教导主任、教研组长深入课堂听课并参与备课组活动，分析学科教学的闪光点、存在的困难和问题，以及后续改进的措施等，以便及时发现问题。在视导过程中发现，评比类的"点"上教学，由于经过教研组、备课组等多次打磨，教案普遍规范、完整，教学流程清晰；而在常态化的"面"上教学，许多教案仅以教参内容加上学习训练为主，缺乏让学生"何以学会"的过程性设计。更重要的是，即使在教师日常工作中尝试设计"何以学会"的过程性教学，也往往以零散、随机的经验性行动为主，导致出现教得辛苦、学得茫然、评得狭窄等现象，背离了课程育人的初衷。

因此，如何将课程价值内涵、教学设计理念与学生学习经历融入教案，使教案成为教可所用、学可所依、评可所查的有效工具，是学校教育教学在"双新""双减"背景下探索教学方案专业化实践中需要直面的问题。

二、探索基于素养本位的教学方案形式

"双新"实施要求超越"双基"和"三维目标"，实现以学科素养培育为目标导向的体验式学习。

体验式学习强调学生通过实践活动获得直接经验，进而形成新知识和价值观。这种学习方式对教师的教学提出了全新的要求，即教师需要进行结构化的单元教

学设计,引导学生从实践活动中获得直接经验,通过实践活动获得新知识、形成价值观。在"双新"背景下,单元设计成为撬动课堂转型的一个支点,学科核心素养目标的达成主要通过单元教学来实现。

单元教学目标不再局限于文本知识的机械再现,而是强调在解决问题的过程中实现知识的迁移与应用,使学生能够将新知识运用于新情境中解决问题。为此,教师需要突破传统教学内容碎片化的局限,从关注单一知识点和课时设计转向基于问题解决的大单元设计,重视在真实情境中建构知识点之间的联系及其运用,从而实现学科教学与核心素养培育目标的有效对接。

作为教案和学案的迭代形式,单元教学设计的实际意义不应退化为单纯呈现知识点和学习训练的文本,仅告诉学生"学什么"和"做什么",也不应虚化为教育管理与评价的应景之作,仅关注"教了什么"和"为什么教"。这两种传统设计都只注重教之源头或学之结果,忽视了学生学习的真实过程。在"双新"背景下,单元教学设计应让学生在基于真实情境的体验式学习中,看见自己完整的学习经历,感受学习过程的乐趣,体会学习之后的收获,这才是单元教学设计的应有价值。

与素养本位相匹配的教学方案,需要站在学生立场,关注教学过程中育人目标的整体性、评价任务的进阶性、问题情境的真实性和学习场景的融合性等多个维度。因此,本项目研究将"单元学历案"这一基于学生视角、导向核心素养目标的新型教学方案,作为教学变革的着力点。

第二节 聚焦单元学历案的混合学习设计

一、单元学历案的概念和基本属性

华东师范大学崔允漷教授在长期探索新课程理念向新教学行动转化的专业路径中,提出了"学历案"的概念,这一概念在中学教育界获得了广泛认同和积极响应。崔教授认为,学历案是教师在班级教学的背景下,为了帮助学生自主或社会建构经验,围绕某一相对独立的学习单位,对学生学习过程进行专业化预设的方案。

随着单元教学理念的深入,实践者们提出了"单元学历案"一词。我们认为,单元学历案是基于学生素养发展,遵循单元教学理念的教学应用方案,包含学习主题、学习课时、学习目标、学习任务、学习环节、学习反思、学习评价等完整的学习信息。本项目界定的单元学历案,具有以下四种基本属性:

其一,它是一种促进师生互动的教学载体。教师作为教学主导者,解构课程标准、教材内容或项目内涵,建构单元学历案的主体内容;学生作为教学的主体,参与课程学习,经历教学活动,完成学习任务并接受评价反馈。单元学历案不仅是师生日常教学活动的物质资料,更是师生间问辩答疑、思维碰撞的精神家园。这样,单元学历案就成为畅通师生互动交流的桥梁和纽带。

其二,它是一种基于学生立场的学习手册。传统教案以知识为本位,承担了教学实践的"设计图"作用;而学历案以素养为本位,其落脚点在于"学生何以学会"的设计方案,承担了教学实施过程的"施工图"功能。教学的"施工"本质是在教师帮助下,学生更好地进行自主建构或社会建构经验。因此,单元学历案是指引学生"学会什么"和"何以学会"的学习手册,是学生学习活动的导引图和实录单。

其三,它是一种"教、学、评"一体化的单元方案。基于课程标准,在教学过程中实施"教、学、评"一体化,促进每个学生核心素养的最大化发展,是当下有效教学的基本趋势。单元学历案以"学"为核心,面向"核心素养—课程标准—单元设计—学习评价"等环环相扣的教学链,聚焦"单元学习经历"这一课程解构与教学实施的基本单位,通过目标引领、任务驱动、资源支撑等要素促进学生进入深度学习,在学习全路径中实现教中评、学中评。

其四,它是一种引导学生深度学习的载体。学历案通过专业化教学设计为学生提供深度学习的机会,其设计出发点是让更多学生在课堂中实现"真学习"。学习动机是深度学习的重要标志之一。为激发学生的学习动机,教师选择挑战性且与目标匹配的主题,激活学生的创造力,创设问题情境,诱导学生的兴趣与思考,设计指向学科核心素养的有意义的任务,创设或安排丰富多样的学习选择机会,开展表现性评价,引导学生发展高阶思维,最终导向深度学习。

二、聚焦单元学历案的校本意义和价值

单元学历案是对传统教案和学案的一种扬弃与超越,它承载着从传统的"知识点+课时"教学向"核心素养+单元"教学转变的创新追求。

在当前"双新"实施和"双减"政策背景下,作为一所涵盖从预备到高三七个年级的民立中学,虽然不同学科和学段进入新课程、新教材、新中考和新高考的时间节点不尽相同,但不同学科和学段教师在追求学生素养发展的教学创新目标上是一致的。因此,编制和实施单元学历案,对营建优质校本教学新生态具有重要的现实意义和导向功能。

从学业减负增效的实践来看,单元学历案成为护航学生个性发展的利器。中学生

校内课业负担过重,主要源于学习目标的超纲、超前和学习任务的超量、超时,这导致教师教得多、学生学得苦,但却"没有学会"。构建以课程标准为基础的"学科课程"单元学历案,通过全过程学习设计和信息录入,能够有效调控学习总量、学习时长和学习效果、成为减轻学业负担的技术手段;同时,开发以学生生活经验为基础的"项目课程"单元学历案,形成项目化学习、跨学科活动、双前沿课程、生涯规划指导等课程教学形态,能够促进"活动性、协同性、反思性学习",满足学生全面而有个性发展的需求。

从教学转型发展的探索来看,单元学历案将成为构建混合教学生态的基石。随着《上海市教育数字化转型实施方案(2021—2023)》的发布,上海教育数字化转型全面展开。在数字化赋能教育综合改革的浪潮中,常态化实施数据驱动的因材施教成为学校"教、学、研"的当务之急。因此,基于数据驱动的学历案校本化设计,正是推动"双新"实施和"双减"政策落地的有效途径。

第三节　基于学历案的混合学习校本化设计

一、单元教学的校本化设计

随着"双新"实施的深化,单元设计成为撬动课堂转型的关键支点,一线教师必须基于"核心素养"开展单元设计的创造实践。在静安区"十三五"及"十四五"全国教育部重点课题研究的引领下,项目组结合学校实际,探索了单元教学设计的思路和基本要素:学科单元以学科核心素养为导向,通过相关主题与任务串联教学内容,其内容组织既符合学科知识发展的逻辑顺序,又契合学生的认知规律,具有明显的结构化特征;设计思路以单元大任务(或大问题)及关联的子任务为核心,构建单元教学框架;基本要素包含教学目标、教学任务、内在关联和呈现形式等。下面以高中物理学科一个单元设计为例进行说明:

单元教学大任务的设计与分解

——以"圆周运动"为例

一、基于教学内容,选择大任务

1. 本单元课程标准的内容要求

依据《普通高中物理课程标准(2017年版2020年修订)》中的必修2:2.2　曲线运动与万有引力定律。

活动建议：收集资料,探讨自行车拐弯时受到的向心力。

2. 单元大任务(大问题)的设计

学习任务的设计应指向明确的学习目标。在素养导向的单元教学中,学习任务的核心目标是培养学生的物理学科核心素养,即让学生在实际情境中积累解决物理问题的经验,形成将情境与知识有机结合的意识和能力。这样的学习任务往往是大任务(大问题),它需要学生基于物理观念进行思考,从多角度、多层次建立物理模型,并综合运用知识和技能才能完成。

因此,大任务(大问题)的设计与分解是落实单元教学过程的整体性、递进性和关联性的重要载体。它不仅是串联学习子任务和课时教学活动的显性线索,还对促进学习层级跃迁与素养水平发展具有重要作用。

3. 单元大任务的确定

几种圆周运动情境的比较

情境	体验性	STSE 性	延展性	可探究性
摩天轮旋转	★★☆☆☆	★★★★★	★★★★☆	★★★☆☆
链球运动	★☆☆☆☆	★★☆☆☆	★★★★☆	★★☆☆☆
汽车转弯	★★★★☆	★★★★☆	★★★★★	★★★★☆
火车转弯	☆☆☆☆☆	★★★★★	★★★☆☆	★★☆☆☆
过山车运动	★★★★☆	★★★★★	★★★☆☆	★★★☆☆
自行车传动	★★★★☆	★★★★☆	★★☆☆☆	★★★★★
自行车拐弯	★★★★★	★☆☆☆☆	★★★★★	★★☆☆☆

实地考查资源:南浦大桥螺旋引桥上运动的汽车。

图 4-1　南浦大桥螺旋引桥

综合几种圆周运动情境的体验性、STSE 性、延展性、可探究性等,"圆周运动"单元大任务确定为:如何研究汽车转弯问题?

物理概念和规律的学习,不仅需要让学生的物理观念得到发展,而且需要让他们经历科学思维和科学探究的过程,从而加深对科学本质的理解,逐渐形成正确的科学本质观,培养科学态度和社会责任感。

二、基于物理观念,设计子任务

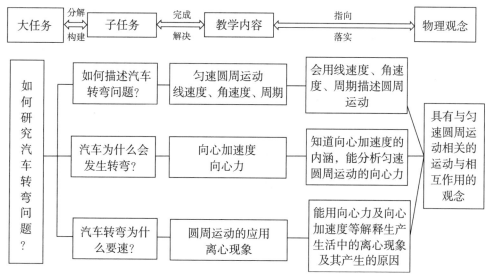

三、基于学习层级,设计重点活动

子任务	重点活动	学习层级	素养发展		
			科学思维	科学探究	科学态度与责任
如何描述汽车转弯问题?	**观看视频**:南浦大桥螺旋引桥上运动的汽车 **观察轨迹**:将汽车抽象为质点,在相等时间内通过的弧长相等	**层级一**:知道什么是匀速圆周运动	**模型建构**:化繁为简,能将真实情境中的对象和过程转换为匀速圆周运动的物理模型 **科学推理**:能对圆周运动中的运动、力及其相互关系等问题进行分析推理,获得结论并作出解释	**问题**:能分析圆周运动现象,提出可探究的物理问题并作出假设 **证据**:能在他人帮助下设计控制变量法的探究方案,能通过器材获得证据	**科学本质**:能认识到物理研究是建立在观察和实验基础上的创造性工作,其发展依赖于实验器材的改进与创新
	问题导向:探究描述匀速圆周运动快慢的方法 **迁移应用**:用比值定义方法、瞬时速度研究方法和曲线运动知识,推导线速度的定义式及其方向 **分析讨论**:比较月球绕地球和地球绕太阳的运动快慢 **类比应用**:用比值定义法,推导角速度的定义式 **理论推导**:建立线速度、角速度和周期之间的相互关系 **分析应用**:将理论应用于实际问题,如汽车转弯、地球自转、自行车调速等场景	**层级二**:理解线速度、角速度的定义,理解两者之间及其与周期的相互关系			

子任务	重点活动	学习层级	素养发展		
			科学思维	科学探究	科学态度与责任
汽车为什么会发生转弯？	**启发设问**：匀速圆周运动是变速运动,需要力的作用 **体验活动**：手捏细绳,感受小球转动时细绳拉力的方向和大小,并从效果上命名向心力 **受力分析**：分析体验活动中的小球、水平路面上转弯的汽车等所受向心力的来源	**层级三**：知道物体做匀速圆周运动的条件	**科学论证**：能用实验或理论方面的相关证据,证明物理结论 **质疑创新**：能对已有观点提出质疑,能从不同角度分析解决圆周运动的问题	**解释**：能分析归纳实验信息、形成与实验目的相关的结论并作出解释 **交流**：能撰写实验报告,能根据实验报告进行交流和反思	**科学态度**：有主动将所学知识应用于日常生活的意识,能在合作中坚持自己的观点,同时尊重他人的意见 **社会责任**：能用运动和相互作用观念,评价物理学的技术应用对社会的影响
	分析讨论：猜想向心力的大小可能与哪些因素有关 **实验探究**：探究向心力大小与半径、角速度、质量的关系——提出问题、设计方案、熟悉装置与方法、实验操作并收集数据、分析数据并得出结论、讨论解释实验结果和实验方法、撰写实验报告 **启发引导**：得出向心力与半径、角速度、质量的关系式,再联系线速度、角速度的关系进行公式变形	**层级四**：理解向心力的大小与哪些因素有关并掌握其关系式			
	观念再现：力是产生加速度的原因,做圆周运动的物体必然存在一个由向心力产生的加速度 **理论推导**：根据牛顿第二定律和向心力公式,得出向心加速度的表达式 *质疑反思：得出向心加速度公式的整个逻辑关系,能不能用运动学的方法推导出来？能不能用实验探究的方法得出来？ **实例分析**：根据公式,计算汽车转弯时的向心加速度和受到的向心力	**层级五**：理解向心加速度的物理意义并掌握其表达式			
汽车转弯为什么要限速？	**图片展示**：南浦大桥螺旋引桥上的限速标识、高速公路及其弯道处的的限速标识 **分析讨论**：汽车转弯时所需向心力与哪些因素有关？水平路面所能提供的向心力会受到什么因素的制约？ **设计方案**：提高赛车转弯速度的方法 **类比联想**：如何保证火车安全转弯？	**层级六**：联系牛顿第二定律,定性、定量分析和解释生活中的圆周运动			

子任务	重点活动	学习层级	素养发展		
			科学思维	科学探究	科学态度与责任
汽车转弯为什么要限速？	**分析讨论**：汽车过凹型桥和凸型桥时，是否需要限速 **体验活动**：表演"水流星" **演示实验**：观察并分析小球在"过山车"装置中的运动 **实例分析**：汽车做离心运动而造成事故 **解释现象**：制作棉花糖、离心机分离血液	层级七：了解离心现象，分析生产生活中的离心现象			

四、基于任务网络，形成认知结构

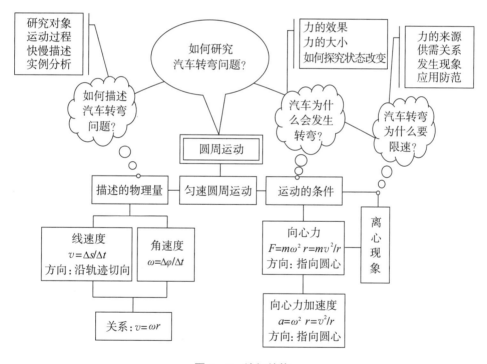

图 4-2 认知结构

二、单元学历案的校本化设计

华东师范大学崔允漷教授提出"学历案"概念，力图通过变革教学设计来推动课堂教学改革。学历案来自对教学实践中的教案、学案和导学案的反思与提升。传统教案体现了以"教"为中心，忽略了以学生为本的教学主体；学案"无"学，导学案"缺"导,教案≈知识点、学案≈作业单、导学案≈知识点+例题+每课一练。然而,衡量教师的教育教学绩效业绩应体现在学生学会了什么、能力提升了多少,而不是教师教了什么或花费了多少时间。因此,教学方案需要立足学生立场,根据"学会什么"以及"何以学会"的路径进行设计。"学历案"正是教师为学生设计的学习经历方案,与传统教案和学案存在一定的差别。

学历案、教案和学案的比较表

	学历案	教案	学案
编写立场	学生	教师	学生
编写单位	学习单元/主题/课时	课时	课时
编写要素	(1) 学习主题与课时; (2) 学习目标; (3) 评价任务; (4) 学习过程; (5) 检测与练习; (6) 学后反思	(1) 教学课时; (2) 教学目标; (3) 教学重难点; (4) 教具准备; (5) 教学过程; (6) 板书设计; (7) 教学反思	(1) 学习课时; (2) 学习目标; (3) 学习重难点; (4) 学法指导; (5) 知识链接; (6) 问题探究; (7) 达标检测
关注点	学生何以学会、是否学会	教师教什么、怎么教	学生学什么、怎么学
忽视点		忽视学生本身	忽视学习过程和学习效果

通过观察和比较可以发现,学历案以建构主义理论为支撑,体现了有意义学习的观点。学历案本身依据科学的理论进行编订,具有严密的逻辑连贯性;在设计过程中,注重以旧带新,为学生搭建学习支架,帮助他们从原有的知识经验中建构新的知识体系,从而促进学生主动学习和自主学习。这种设计不仅符合新课改精神,还能对学生的个人发展产生长远的影响。新课程与新教材下的新教学要求对整个单元进行一体化设计,从传统的"知识点+课时"转向"核心素养+单元",进行让核心素养落地的教学设计与实施。基于这一背景,项目组选择以单元学历案的设计研究与实践为载体,探索"双新""双减"以及"新高考、新中考"背景下的教学深度变革,走出一条具有校本特色的教学改革之路。

三、学历案校本设计的样本

研究团队在崔允漷教授团队学历案研究的基础上,通过调查、访谈、实践和研究,根据学校的校情确定了学历案的要素和框架。校本化的学历案包括单元学历案和课时学历案两种形式。

民立中学＊＊年级＊＊学科单元学历案·信息总表[1]

姓名_____　班级_____　学号_____　使用时间_____

学习主题	单元名称	单元来源/课时数	单元价值[2]	
学习目标	课标要求[3]	学习水平[4]	学习目标[5]	
学习活动	大任务(大问题)[6]	学法建议	线上学习导航[7]	线下学习导航[8]
学习评价	参与情况	作业情况	检测情况	个性表现
学习反思	学习感受	作业订正	检测订正	进一步学习设想

其他信息[9]:

"……"单元设计[10]:

一、

二、

……

备注:

1. 一个单元的总信息表。

2. 一个单元的总体描述,可用单元价值、单元地位、单元概述等表示。

3. 课程标准的学习要求。

4. 单元学习内容及学习水平,根据学科情况设置,如语文学科的学习内容可以是教材篇目,学习水平可以是任务群等。

5. 对应学习水平(内容)的学习目标,根据学科特点确定。

6. 校本化设计单元大任务(大问题)贯穿整个单元的学习过程,单元中的子任务围绕这一大任务进行进阶设计。教师需要为学生提供学法指导或完成学习任务的具体路径,并提供一定的学习资源,以满足学生个性化的选择,激活他们的创造力,从而有效提升核心素养。项目组明确了学历案的学习活动需包含以下四个方面:学习任务、学法建议、线上学习导航和线下学习导航。学习任务以完成单元大任务为目标,并将大任务拆解为课时小任务,这些小任务既是完成大任务的基础,也是支撑学生逐步达成目标的支架。

7. 线上学习资源及学习指导应以导学PPT为核心,包含学习内容和学习路径导航。学习资源的供给要遵循适切性和丰富性原则。在信息化融合教育教学的背景下,可利用学习平台提供线上资源,满足学生个性化学习的需求;同时,利用日常教学提供线下资源,满足班级授课的教学需求。

8. 建议增加一个单元或几个单元设计一份长作业,可通过问题、任务等形式完成,如研究性课题、主题表演等。

9. 视具体情况而定,如给学生提供的拓展学习资料信息等。

10. 本单元的学习设计框架可作为学生学习参考,也可仅供教师备课使用。具体而言,教学大框架采用校本化设计,而每课时的教学设计则可根据实际情况进行个性化调整。

姓名_____ 班级_____ 学号_____ 使用时间_____

课题	课题名称		单元名称/第×课时		备注[2]
学习目标[3]					
学习任务					
学习环节		学习内容	学习时长	达成度	
课前预习	线上资源		××分钟	高→低 5→1	
	线下资源				
课中学习	任务一				
	任务二				
	任务三				
	任务四				
课后复习	自主活动[5]				
	作业题1				
	作业题2				
	作业题3				
	作业题4				
	……				
学习评语[6]	自评				
	他评				

备注:

1. 一节课的学习信息表。

2. 根据情况可以由教师或学生填写。如教师填写相应知识点、重难点、活动目标、对学生的评述等,学生填写学习困惑、订正错误等。

3. 以学科核心素养视角撰写本节课的学习目标。

4. 学生学习目标达成度,5→1分别对应非常满意、满意、一般、不满意、很不满意五档。

5. 建议根据学科特点和学习内容,设计形式多样、内容丰富的自主活动。

6. 学习评语中的他评可以是同伴互评、教师评述、家长反馈等。

第五章

基于学历案的混合
学习设计教学实践

教学设计只有在教学实践中才能循证其合理性、可操作性和校本价值。项目组在全校所有学科开展了全面的教学实践,并从混合学习的学历案的设计、云学历案系统的构建、基于学历案的课堂教学实践、数据驱动的精准教研等方面进行了循证研究。

第一节　构建云学历案系统　设计自适应学习路径——高中化学学科

《上海市教育数字化转型实施方案(2021—2023)》提出,要积极探索教育数字化"新体系、新环境、新模式、新平台、新评价"建设,推进教育更高层次的优质均衡、个性多元。在民立中学系统推进"学历案"的基础上,高中化学学科借助教学云平台,以发展化学学科核心素养为目标,基于真实情境开展以化学实验为主的探究活动,通过遵循学生学习路径,整合教学资源构建云学历案系统,激发学生的创造力和内驱力,促进学生学习方式的转变。

一、基于教学云平台的云学历案系统构建

云学历案系统立足"教、学、评"一致性,记录了学生混合学习的数据,希望通过数据的挖掘和分析,提取有价值的教学信息,从而优化学习情境。云学历案系统囊括了三大类内容:第一大类,学习目标的数据,包括学情数据、学习内容数据和学习资源数据;第二大类,单元大任务,包括面授学习任务、在线学习任务和混合学习任务;第三大类,参与学习数据,包括参与任务数据和学科核心素养水平等。

云学历案系统不仅在课堂上支持学生经历真实进阶的学习过程,以学为中心,落实互动反馈,而且在课前课后发挥引导、维持和促进学生学习的作用。

1. 课前整合教学资源,基于云学历案系统预习

课前,学生登陆教学云平台,通过完成云学历案的预习任务,激发学习期待并整体了解学习过程,包括学什么、学到什么程度以及怎么学。在此过程中,学生复习旧知、预习新知并记录困惑,而教师基于云学历案系统(图5-1)获得数据化信息,为课堂教学提供依据。

图 5-1 云学历案系统

课前,学生预习云课时学历案并完成课前练习,生成相应的学情数据(图 5-2);同时,通过预习单元学历案,了解本章节的学习内容及学习资源,观看相关学习资料,系统记录并显示对应的学习内容数据(图 5-3)。

图 5-2 学情数据　　　　　**图 5-3 学习内容数据**

2. 课中创设真实情境,基于云学历案系统互动

课中,以云学历案系统为平台,创设真实情境并设计探究实验开展化学教学,落实以学为中心的理念。通过强化学生、教师、学历案和教学数据的多向互动,引导学生经历问题解决进阶的学习过程,在参与、体验和互动中促进知识的自我建构和社会建构。

依据云学历案学情数据,发现学生的问题并基于问题设计课堂教学,通过真实情境构建教学内容。例如,在"化学反应速率"一课中,创设印染工业中使用双氧水作为漂白剂这一真实情境(图 5-4),通过漂白过程需要加快双氧水分解速率、控制分解速度、严格把控漂白时长以及设定特定温度与浓度等场景,推进"化学反应有快有慢""化学反应速率的构建""速率变化特征分析"和"调控速率的意义"等教学环节。

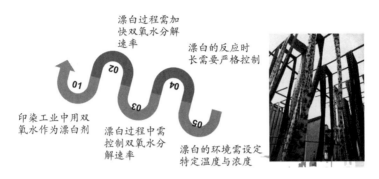

图 5-4 "化学反应速率"设计印染工业的真实情境

在"次氯酸和次氯酸盐"一课中,以 84 消毒液为真实情境,通过设计探究实验构建教学内容。例如,设计混合学习的任务,让学生以 84 消毒液和白醋为原料,探究 pH 对 84 消毒液漂白效果的影响。

图 5-5 "次氯酸和次氯酸盐"探究实验

3. 课后进行个性评价,基于云学历案系统反馈

课后设计反思学习环节,引导学生反思"学了什么""怎么学会的""学会了有何用",通过反思性学习促使将知识、技能和方法积淀为核心素养。

学生基于教学云平台完成云学历案的练习巩固,反馈学生学习情况,利用这些数据生成学习画像,如图 5-6 所示,帮助学生从单元知识结构、学习能力水平和学科素养分析等方面了解自己,形成个性化的学习数据画像,如图 5-7 所示。依据每个学生的作业、测试、学习时间和学习进度等数据,实施个性化教育。智能化的数字化教育可以精准分析不同学生的学习情况,借助学习过程中的数据反馈,进行教学过程诊断、改进与评价,推动学生个性化学习的发展。

学生完成练习巩固,反馈学生学习情况-形成学习数据画像

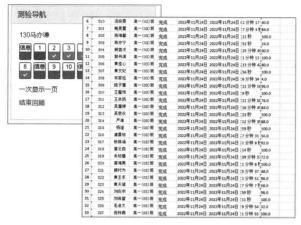
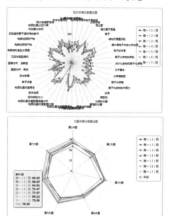

图 5-6　学习画像

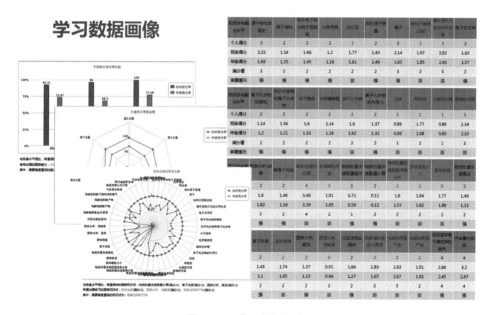

图 5-7　学习数据画像

在云学历案中,学生通过对学习情况进行自我评价和总结,提升学习能动性,如图 5-8 所示。此外,课后还设计学科实践活动。以胶体为例,开展了半透明的渗析实践(图 5-9):学生将鸭蛋分别泡在白醋和食盐水中,煮熟后观察鸭蛋中的半透膜,验证胶体不能透过半透膜而溶液可以透过的化学事实。

学习评价问卷

该问卷调查的目的是为了了解这个在线单元对促进您的学习有多大的作用。以下 24 个问题问的是您在此单元中的体会。这里无所谓"正确"或"错误"答案；我们只对您的观点感兴趣。请相信我们对您的回答保密，也不会影响对您的评分。您深思熟虑的回答将有助于我们对该单元作进一步的改善。非常感谢！

所有题目都需要是必须作答。

实用性

回答	仍未作答	几乎从不	不常	偶尔	经常	几乎总是
在此在线单元中						
1 我只学让我感兴趣的东西。	●	○	○	○	○	○
2 我所学的对我的专业技能很重要。	●	○	○	○	○	○
3 我学习如何提高我的专业技能。	●	○	○	○	○	○
4 我所学的和专业技能紧密联系。	●	○	○	○	○	○

深思

回答	仍未作答	几乎从不	不常	偶尔	经常	几乎总是
在此在线单元中						
5 我以批判的眼光审查我如何学习。	●	○	○	○	○	○
6 我以批判的眼光审查我自己的观点。	●	○	○	○	○	○
7 我以批判的眼光审查其他同学的观点。	●	○	○	○	○	○
8 我阅读时以批判的眼光审查教科书中的观点。	●	○	○	○	○	○

互动性

回答	仍未作答	几乎从不	不常	偶尔	经常	几乎总是
在此在线单元中						
9 我向其他同学解释自己的观点。	●	○	○	○	○	○
10 我请求其他同学解释他们的观点。	●	○	○	○	○	○

图 5-8　学生自身对学习情况进行自我评价和反思

准备阶段　　　　　　　　　渗析阶段　　　　　　　　　验证阶段
将鸭蛋泡在白醋中　　　将鸭蛋泡放置在食盐水中　　　煮熟鸭蛋
观察半透膜　　　证明胶体不能透过半透膜　　观察半透明膜和鸭蛋黄颜色

图 5-9　半透明渗析实践

二、基于教学资源整合设计自适应学习路径

云学历案给予了教学更加广阔的时间和空间,它需要教师提供丰富的教学资源,并结合这些资源设计针对学生个体学习的自适应学习路径,从而为学习者提供个性化学习。

1. 设计"知识胶囊",提供个性化学习选择

自适应学习需要"知识胶囊"这一新型微课形式。教师制作课件后,通过"知识胶囊"进行讲解录制,并基于教学云平台分享给学生。

"知识胶囊"的结构如图 5-10 所示,包括学科知识讲解、典型例题解答、单元题型扫描和最新试题速递四大部分。各部分内容均配有二维码,学生可系统观看,也可按需选择观看,以满足自适应学习的需求。下面案例是"硫及其重要化合物"

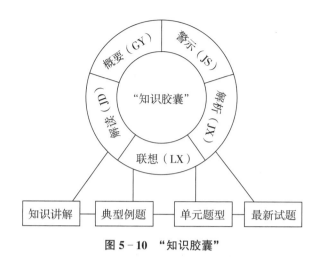

图5-10 "知识胶囊"

的三粒"知识胶囊"(图5-11),分别是硫的化学性质知识点讲解、二氧化硫和二氧化碳的性质比较和二氧化硫的典型例题分析,再配以不同水平要求的练习,这样有关"硫及其重要化合物"的系统知识图谱就比较饱满了。通过将一个个"知识胶囊"连接成单元"知识胶囊",再串联成高中化学知识系统图谱,这样就实现了知识的系统化与个性化学习的有机结合。

图5-11 "硫及其重要化合物"的三粒"知识胶囊"

教师在云学历案的每个知识点后附上二维码或链接,以满足学生自主学习、课前预习或课后复习的需求;通过"知识胶囊",教师可以为学生提供个性化学习,如错题作业讲解、错题对应知识点内容再学、相似题目巩固以及进阶学习或练习等。通过给学生推送教学数字化的"知识胶囊",帮助他们完善系统知识图谱,将知识点标签化、结构化,构建适合学生个体需求的自适应学习路径,从而有效提升学生的化学学科核心素养。

2. 制作实验素材,激发学生思维活力

结合云学历案系统,化学组自制实验视频进行分享,让学生可重复观看学习。同时,依托数字化实验,以可视化数据驱动学习设计,在云学历案上呈现数字化实验的直观数据,学生可在课前思考、课中讨论和课后回顾。此外,基于云学历案,可以针对不同学习能力的学生分设相应的活动要求。例如,在"压强对化学平衡的影响"实验(图 5 – 12)中,利用数字化探头测定二氧化氮和四氧化氮可逆体系中的压强变化,直观展示压强变化并结合勒夏特列原理,引导学生分析化学平衡移动。通过分析学生的思维数据,构建学习者的学习行为模型,了解他们的学习过程,从而激发学生思维活力。

案例2

实验1:HCl滴定$NH_3 \cdot H_2O$溶液（强酸滴定弱碱）

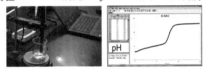
实验2:NaOH滴定CH_3COOH溶液（强碱滴定弱酸）

案例1

图 5 – 12　压强对化学平衡的影响　　　　图 5 – 13　水溶液中的离子平衡

在云学历案中,可以结合数字化实验设计学生活动。例如,在"水溶液中的离子平衡"实验(图 5 – 13)中,有强酸滴定弱碱、强碱滴定弱酸和二元弱酸与强碱反应的三个数字化实验,选取强酸滴定弱碱的 DIS 实验数据及图像构建真实问题情境,引导学生对溶液中的微粒种类进行微观分析,并在此基础上梳理知识,将零散知识结构化,帮助学生构建"水溶液中的离子平衡"分析模型,如图 5 – 14 所示。通

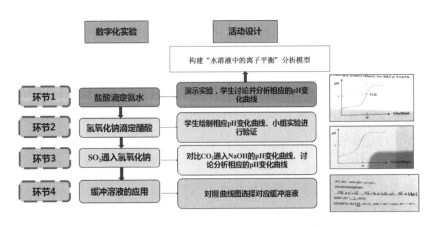

图 5 – 14　"水溶液中的离子平衡"分析模型

过让学生绘制强碱滴定弱酸的实验图像,诊断学生运用思维模型判断变化体系中溶质种类与平衡种类的能力。此外,结合二元弱酸与强碱反应这一相异变式设计拓展应用环节,让学生进行自主选择学习,调整自身学习的难度和广度。

3. 创设真实情境,开展跨学科案例分析

云学历案可以更多地呈现与化学相关的真实情境,并通过学生自主收集案例,培养其科学精神与社会责任核心素养。以次氯酸盐的学习为例,学生在学习含氯消毒剂的基础上,进一步了解生活中的消毒产品;同时结合天宫课堂中制作"地球"的实验,探秘膨松剂的性质,开展跨学科案例分析,激发学习兴趣。

研究团队基于云学历案系统的教学实践还在继续完善,如何进一步挖掘云学历案系统的数据,以推动日常教学的深度变革,仍是持续研究的重点。

附化学学科学历案设计案例:

民立中学高三年级化学学科单元学历案·信息总表

姓名_____ 班级_____ 学号_____ 使用时间_____

	单元名称	单元来源/课时数	单元价值
学习主题	化学反应的热效应	选择性必修一/3课时	化学科学的重要任务在于认识自然界存在的各种各样奇妙的化学反应,探索纷繁的反应本质和规律;化学科学的重要价值在于使人类能够根据化学反应的规律控制和利用化学反应,获取人类生产和生活所需的能量和物质。本单元是化学反应原理的复习,化学反应原理及其研究方法对于深入了解化学反应的本质和规律极为重要,不仅具有理论意义,而且具有实用价值

	课标要求	学习水平		学习目标
学习目标	从化学反应与能量,探索化学反应的规律及其应用	氧化还原	3	1. 能辨识氧化产物和还原产物; 2. 能比较物质氧化性和还原性的强弱,理解其与氧化还原反应发生方向的关系; 3. 能正确书写半反应;能正确配平氧化还原方程式
		电化学	3	1. 能分析解释原电池和电解池的工作原理,并正确书写相关电极反应式; 2. 能列举常见的化学电源,并能分析其工作原理; 3. 能分析化学能与电能相互转化的原理及其在生产和生活中的应用
		化学反应与能量	3	1. 能进行焓变计算; 2. 能用热化学方程式表示反应中能量的变化; 3. 能运用反应焓变合理选择和利用化学反应; 4. 能说明化学在解决能源问题中的重要作用,能分析能源的利用对自然环境和社会发展产生的影响

学习活动	大任务（大问题）	学法建议	线上学习导航	线下学习导航
	寻找一种可持续发展的新能源	探究、数据分析、实验、文献检索	PPT、PDF、空中课堂	学案、教材、练习册

学习评价	参与情况	作业情况	检测情况	个性表现

学习反思	学习感受	作业订正	检测订正	进一步学习设想

其他信息：

民立中学高三年级化学学科单元学历案·课时学习单

姓名_____ 班级_____ 学号_____ 使用时间_____

课题	课题名称	单元名称/第×课时	备注
	化学反应与能量	化学理论复习化学变化中的能量变化/第3课时	

学习目标	1. 能从宏观与微观、定性与定量等多角度对物质变化中的能量变化进行分析和表征。在养成"宏观辨识与微观探析"素养的同时，感受化学"变化观念"的丰富内涵和思想； 2. 能依据反应热效应测量实验的需要，选择合适的实验仪器和试剂，完成相关测定实验，初步学习定量实验中如何做到"精准"的要求，培养严谨的科学探究精神； 3. 理解盖斯定律并构建对化学反应中热效应相关定量分析的一般方法； 4. 能运用化学变化中的热效应相关知识分析和讨论生产和生活中简单的能量利用问题，认识化学反应中的能量变化与燃料的充分利用及自然资源和环境保护之间的密切关联，培养科学态度与社会责任

学习任务	寻找一种可持续发展的新能源 设想从寻找高效且可持续发展的新能源这个任务出发，帮助学生建立一种利用化学原理的研究模型：实验探究—计算分析—化学语言表达。要求学生利用这种模式不但能在这节课找到高效且可持续发展的新能源，也能在将来的学习工作中用来研究某种用途的物质与能量，甚至启发一些新的想法，激发新的创造力

学习环节	学习内容		学习时长/分钟	达成度高→低 5→1	
课前预习	线上资源	空中课堂、网课PDF	30		
	线下资源	学案、教材、练习册			

38

学习环节		学习内容	学习时长/分钟	达成度高→低5→1	
课中学习	任务一	1. 梳理基本概念； 2. 用概念图或关系图的形式梳理 ΔH、吸热反应、放热反应、反应物和生成物等概念	5		
	任务二	1. 对化学变化中的能量变化进行表达； 2. 从定量角度对物质变化中的能量变化进行分析和表达	5		
	任务三	1. 测量化学变化中的能量变化； 2. 依据中和热测量实验的经验，分析设计燃烧热的测定实验，体验和学习定量实验中做到"精准"的要求的方法	10		
	任务四	1. 推算燃烧热； 2. 理解盖斯定律并构建对化学反应中热效应相关定量分析模型	20		
	任务五	1. 寻找一种合适的可持续发展的燃料； 2. 能运用化学变化中的热效应和原电池的相关知识分析和讨论能源问题，认识能源利用及自然资源和环境保护之间的密切关系，培养社会责任感			
课后复习	自主活动	扫二维码观看视频《我国氢燃料电池汽车的新闻》	5		
	作业题1	民用燃料	10		
	作业题2	氢能	10		
学习评语	自评				
	他评				

教后反思：化学科学的重要任务在于认识自然界中各种奇妙的化学反应，探索纷繁的反应本质和规律；其重要价值在于使人类能够根据化学反应的规律控制和利用化学反应，从而获取人类生产和生活所需的能量和物质。本单元是化学反应原理的复习，化学反应原理及其研究方法对于深入了解化学反应的本质和规律极为重要，不仅具有理论意义，而且具有实用价值。

本课作为高三化学原理复习单元中的一个课时，前一个课时衔接"电化学"，后一个课时承接"化学反应方向"。高三学生已在必修和选择性必修一的学习中理解了化学能与内能、电能等其他形式能量之间的相互转化，并了解了焓变和盖斯定律。然而，学生往往更关注知识点和习题答案，缺乏在真实情境下解决实际问题的思路和方法。所以，学生在化学原理的实际应用方面还有较大的提升空间，尤其在思维方法和科学素养的培养上需要进一步加强。

　　面对高三学生，教师怎样复习才能教会他们更多的思维方法和提高他们的科学素养？思维和素养并非直接教授，而是通过挑战性任务潜移默化地培养。学生的创造力同样需要在挑战性任务中激发。本课时设想从"寻找高效且可持续发展的新能源"这个任务出发，帮助学生建立一种基于化学原理的研究模型：实验探究——计算分析——化学语言表达。通过这一模式，学生不仅能够在本课时中找到高效且可持续发展的新能源解决方案，还能在未来的学习和工作中运用这一模型研究特定用途的物质与能量，甚至启发一些新的想法与创造力。

　　关于设计的环节，可以在以下几个环节做一些教学上的尝试。

　　在任务二中，围绕"化学变化中能量变化如何表达"，教师先示范了一个热化学方程式的书写，随后让学生模仿书写出用化学元素肼作火箭燃料的热化学方程式。热化学方程式可以看作一种化学语言模型，它从定量角度对物质变化中的能量变化进行表征，同时也是进一步继续研究能量问题的基础，因为科学问题的研究与交流需要借助科学的语言才能准确表达。通过教师示范和自己模仿，学生逐步习得并建立模型，在模仿运用到一定程度后，就能进行知识的迁移了。

　　在任务三中，"化学变化中的能量变化如何测量"是一个迁移任务。燃烧热的测量与中和热的测量是不同的。学生课前也没有接触过燃烧热的测量，但它与中和热的测量计算公式相同，数据类型相近，学生可以利用中和热的实验模型去探究燃烧热的实验装置、测量方法和计算方法，还可以进行简单的误差分析。实验探究是重要的化学研究方法，所获得的实验数据是重要的事实依据。燃烧热实验测量的数据成为我们寻找新能源的数据支撑。

　　在作业设计中，教师应引导学生对能源的研究不仅停留在"能用"层面，还要关注能源在人类社会中的实际使用情况。作业以氢燃料汽车和家用燃料为例，旨在推进学生深入了解能源在应用层面需要解决的问题。

　　备课时，教师应该深刻认识到化学教育肩负的社会责任。随着社会的发展，过度开采和消耗资源导致自然平衡被破坏，气候变暖、资源减少、臭氧层被破坏等问题日益严重，生态系统不断遭受破坏。这种发展模式显然不可持续，因此人类不断开发新能源，力求减少对自然界的影响，建立人与自然和谐共处的生态文明。

　　在复习课的设计中，教师最初试图面面俱到，但在试讲时发现学生难以吸收。于是，放弃了传统的做题式的复习模式，转而尝试创设情境，带领学生进行探究式学习。这种模式不仅学生更愿意接受，也更具教学意义。然而，由于实验室条件限制,学生未能亲自通过实验探究燃烧热或动手制作燃料电池。若能让学生在实验中经历成功和挫折,那才是真正的情境化学习,才能带来最真实的感受。

回到课堂,学生和教师都感到一丝紧张,毕竟自高三开始就习惯了"满堂灌"的教学模式。科学素养不能单靠一节课、一个实验、一个想法来实现,而是需要通过不断思考问题、激发想法、探究实验逐步积累。如果每节课都能设计一两个实验或真实情境,激发学生思考问题,假以时日,他们的思想或有很大的不同!

这次挑战性学习任务不仅是对学生的挑战,更是对教师的挑战。虽然有些遗憾,但这会激励教师不断前行,推动教学实践持续创新与改进。

第二节　以学历案助推高中英语课堂教与学
方式变革——高中英语学科

一、寻找推进"双新"实施的途径

《普通高中英语课程标准(2017 年版 2020 年修订)》提出了由六要素构成的课程内容以及指向学科核心素养发展的英语学习活动观。民立中学选用的上教版高中英语新教材以英语学习活动观为依据编写,教材内容、难度和形式契合上海市中心城区学生的特点,能够达成学生语言能力、文化意识、思维品质和学习能力的同步提升。

在"双新"背景下,将最新的教学理念落实到课堂的关键因素在于教师,而最难改变的因素恐怕也是教师。自 2017 年新课标出版以来,通过各级培训,英语教师的理论知识水平得到了一定的提高。但从理论到课堂实践,不仅需要教师教学理念的转变,还要有专业知识水平的支撑。因此,寻求与新课标理念相匹配且便于操作的教学工具,来辅助和规范日常教学设计,促进核心素养目标的达成,成为解决这一难题的有效路径。

在不断的尝试和探索中,教研团队发现学历案就是理想的教学工具,它为"双新"理念落实课堂提供了可能。

二、学历案设计使"双新"理念落实课堂成为可能

在推进市级项目"'三新'背景下基于数据驱动的混合学习设计与实践研究"

的过程中,英语教研组研读了学历案提出者崔允漷教授撰写的相关论文,并进行交流讨论。研修期间,对新教材最为了解的高二备课组教师研究后发现,学历案设计的理念和上教版高中英语新教材的理念高度契合。

学历案具有三个特征:1. 课程理念;2. 学生立场;3. "教—学—评"一致性。上教版高中英语新教材也具有三大特点:1. 采用单元视角下五大板块的建构式编写方式;2. 提倡基于活动的语言学习观;3. 提供两个助学工具——单元开始时的"学习目标"和单元结束时的"自我评价活动"。新教材的三大特点与学历案的三个特征一一对应。

这一发现让教研组教师豁然开朗。学历案着眼于单元教学设计,为核心素养的落地提供教学方案的辅助性支架。与此同时,上教版高中英语新教材的编写特点使得学历案设计变得简单可行。因此借助学历案,"双新"理念落实课堂成为可能。

三、学历案如何助推高中英语课堂教与学方式变革

认识到学历案可用于高中英语日常教学设计,这是迈出的第一步。究竟什么才是适合高中英语学科的学历案?在英语组集体备课的过程中,经过了不断的质疑和争论,通过反复推敲和修改,最终形成了适合英语学科的学历案。这一过程促进了思想的碰撞,使教师真正体会到学历案对落实"双新"理念的助推作用。

1. 学历案从课时设计转向大单元设计,提升了教师的教学站位

单元学历案设计从单元教学角度出发,强调学习内容的统整性,符合新课标以核心素养为导向的大单元教学要求。以一节基于学历案的教学实践课"阅读与互动"板块"Blame your brain(怪你的大脑)"(上教版必修第二册第一单元第一课时)为例。

这是一篇介绍性说明文,分析了青少年爱冒险的生理和心理原因。起初,教师感到困惑:这篇课文内容浅显易懂,除了理解文本、探讨解决方法和演绎生活实例外,如何落实核心素养的培育呢?

学历案设计的第一步是从填写本单元的学历案总信息表开始的,而该过程正是研读教材单元和制订单元目标的过程。本单元属于"人与自我"主题语境,单元主题为"No limits",分为五个板块,八个课时。

在研读教材单元前,有教师问:第一课时"Blame your brain"为什么放在单元主题"No limits"下?通过研读教材单元,发现本单元各板块围绕"尝试冒险"展开,

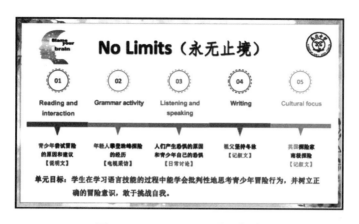

图 5‑15 "No Limits"单元板块

语篇类型多样,文本角度的选择极有深意,反映了不同年龄与国籍的人都爱冒险。至此,教师真正理解了这个单元的目标是希望学生在学习语言技能的过程中能学会批判性地思考青少年的冒险行为,并树立正确的冒险意识,敢于挑战自我。

从整个单元角度看,"Blame your brain"就不仅仅是一篇介绍性说明文(单元学历案设计和课时学历案设计见附件)。在原有基础上,我们又增加了两个教学环节——辩证思考冒险行为和树立正确的冒险意识(学历案中的任务四和任务五)。如学历案中的第四个环节所引用的关于冒险的一段话来自单元第五板块语篇中的南极探险家,这样为第五板块做了铺垫,也体现了单元教学的统整性。

第五个环节所引用的诗歌则揭示了冒险的价值所在,给人心灵震撼。层层递进的教学设计,为这篇说明文赋予了育人价值,提升了语篇的内涵。

2. 学历案强调真实情境下的深度学习,推动教师转变教与学的方式

这堂课的五个教学环节,只有有机联系起来,才能让学生感知学习和使用英语的真实感和需求感,从而实现深度学习,促进由能力向素养的转化。

《英语课程标准》修订组专家王蔷教授认为,转变英语课堂教与学的方式可以从三个关键词入手,即"情境""问题"与"活动"。这堂课正是通过创设情境,巧妙地利用问题将各类活动有机融合起来。

执教老师上课的第一句便以"Welcome to my Teenager Studio"开场,将学生带入青少年电视访谈节目现场。接着通过一段录像,引出本课主题,明确本堂课的学习任务——运用课文所学知识帮助录像中的四位青少年解决所面临的问题。

真实的情境创设和明确的任务驱动促使学生主动投入语篇的学习和探讨。在教学过程中,该情境贯穿始终。教师通过巧妙地让录像中的四位青少年提出问题,将各语言学习活动自然地串联起来,引导学生理解文本、整合信息、联系自身、应用实践,帮助学生实现深度学习。

3. 学历案的设计从以教师立场转向以学生立场,重新定义了教与学的关系

崔允漷教授重新定义了教与学的关系:学主教从,先学后教,以学定教。基于这一理念,学历案从学生立场出发,聚焦学生需要达成的目标、如何评估学习效果以及如何设计学习路径等问题。

在这堂课上,青少年电视访谈节目是连接五个教学环节的明线,而学生个人经历则是一条暗线。在设计课时学习单前,为了更好地了解我们的学生是否爱冒险,执教老师设计了相关调查问卷。然后,从学生的经验出发,设计问题和活动,引导学生在学习活动中整合和运用学科知识,分析和解决问题。

此外,什么才是适合高中英语学科的学历案? 这是我们始终在探讨的话题。我们最初借鉴物理组的表格式学历案,但发现其无法充分反映高中英语学科的特点。经过几次研讨,我们从学生立场出发,对学历案进行了调整,重点关注哪些环节适合学生自主完成,以及如何设计才能激发学生的学习兴趣和参与度。

在学历案的基本信息部分,我们简化了对课中学习环节的描述。这一设计是基于英语学科的特点,通过创设一些悬念或神秘感,激发学生的好奇心和求知欲。

在学习内容部分,我们为学生留出了更多的书写空间,并参考了以往学习任务单的做法,仅呈现学生需要书面记录的部分和完成复杂学习活动时需要语言支撑的部分。对于哪些部分需要学生书面记录,我们问的最多的是:有没有必要记录? 学生该如何记录? 针对这一部分,教研组前后修改了四次,最终获得相对满意的结果。

附英语学科学历案设计案例:

民立中学高一年级英语学科单元学历案·信息总表

姓名_____ 班级_____ 学号_____ 使用时间_____

1. 单元学历案要素

	单元名称	单元来源/课时数	单元价值
学习主题	No Limits	必修第二册/8 课时	本单元的主题语境是人与自我——认识自我,通过围绕"突破极限,直面挑战"这一主题的多模态语篇,帮助学生在培养语言技能和学习能力的同时,从中外探险家和运动员的事例中体会不畏艰难的探险精神,从而鞭策自己直面生活中的挑战,提升思维品质与文化意识

	课标要求	学习水平	学习目标
学习目标	语言技能：能抓住听力和阅读语篇大意，并以口头和书面形式描述自身与他人经历；能结合画面，理解图片和动画等传递的信息。 学习能力：能通过评价自身和他人学习过程，了解自身英语学习的优势与不足并加以完善，达到以评促学的目的。 文化意识：能在了解国外探险家事例的同时，探究事例反映的精神文化，提升对优秀精神文化的认同。 思维品质：能从多模态语篇中体会语篇传递的情感态度、价值观，并从跨文化视角观察和认识世界，对事物做出正确的价值判断	Reading and interaction	能抓住语篇大意，理解青少年冒险行为的成因； 能基于所读内容对减少非理性的冒险行为提出建议； 能反思自身经历，批判性地看待冒险行为
		Grammar activity	能识别语篇为传递意义而选用的省略结构
		Listening and speaking	能抓住语篇大意，复述恐惧心理的成因； 能理解三位说话人所表达的不同恐惧心理； 能简单地口头描述自己的相关经历
		Writing	通过评价范文的内容、语言和格式，了解人物小传的文本特征； 能用正确的语言撰写内容恰当的人物介绍，表达敬佩之情
		Cultural focus	能简要复述斯科特船长的故事； 能体会斯科特船长不畏艰险、勇于挑战的精神； 能描述新西兰皇后镇的极限运动

	大任务（大问题）	学法建议	线上学习导航	线下学习导航
学习活动	理解语篇中描述的现象，并用语言表达对此现象的看法	1. 按照学案的步骤学习； 2. 小组合作； 3. 以评促学	视频、学案	采访小组成员的冒险经历，以小组为单位撰写报告，描述冒险经历并陈述青少年爱冒险的理由

	参与情况	作业情况	检测情况	个性表现
学习评价				

	学习感受	作业订正	检测订正	进一步学习设想
学习反思				

其他信息：

2. 单元内容结构图

A. Reading and interaction	Reading：Blame your brain
	Mini-project：Conducting a survey about risk-taking
	Focus on language：Pronouns
B. Grammar activity	Ellipsis
C. Listening and speaking	Listening：Phobia
	Speaking：The most and least common fears
D. Writing	Writing：A description on the person you admire
E. Cultural focus	Reading：Eyewitness account—Scott's hut
	Video：Extreme sports in Queenstown

民立中学高一年级英语学科单元学历案 · 课时学习单

姓名_____ 班级_____ 学号_____ 使用时间_____

课题	课题名称	单元名称/第×课时
	Reading and interaction：Blame your brain	Unit 1 No Limits ／ 第 1 课时
学习目标	本节课后,学生将能够: 1. 通过浏览课文图片、小标题及主旨句概述文章主旨大意; 2. 通过仔细阅读课文,从身体和心理两方面把握青少年冒险行为背后的原因; 3. 基于对原因的分析,提出减少非理性冒险行为的建议; 4. 通过小组讨论,反思自身行为,形成对冒险行为的批判性认识	
评价任务	课前: 1. 我是否认真预习了课文,初步扫除生词障碍? 2. 我是否按时完成预习单,发现课文理解上的问题? 课中: 1. 我是否能通过浏览文本把握主旨大意? (学习目标 1) 2. 我是否能在把握主旨的基础上,定位文章细节信息? (学习目标 2) 3. 我是否能结合文章内容,提出相关建议? (学习目标 3) 4. 我是否能积极参与小组讨论,形成对冒险行为的批判性认识? (学习目标 4) 课后: 1. 我是否能及时回顾课文内容,结合预习时发现的问题扫清课文理解障碍? 2. 我是否能及时巩固课文中的生词及词组? 3. 我是否能背诵相关段落,积累常用句型?	

学习环节		学习内容	备注	学习时长/分钟
课前预习	线上资源	问卷星在线调查单、导学 PPT	了解单元概况和本课学习目标	5
	线下资源	课时学历案与词汇学案	了解课文生词和复杂的长难句	20
课中学习	任务一	读前： 观看有关青少年冒险的微视频，思考其背后的原因	引入课文话题，为读后活动做铺垫	3
	任务二	读中： 略读课文标题、第一段和四个副标题，归纳文本的各段主旨，填写学历案	理解小标题的作用，明确各段主旨和文本结构	2
	任务三	读中： 细读文本第二到第四段，分析青少年爱冒险行为的生理和心理原因，填写学历案	理解文本内容，明确青少年爱冒险的原因背后的科学因素和社会因素	16
	任务四	读中： 阅读第五段，基于对青少年爱冒险原因的分析，找出文本中有关青少年正确冒险的解决方法。通过观看微视频，讨论并补充更多积极的方法，完成学历案	定位文章细节信息，树立积极的冒险意识，为读后活动做铺垫	6
	任务五	读后： 开展小组活动——青少年电视访谈节目，结合文本、视频中的案例，以四人小组青少年电视访谈的形式，各自扮演主持人、青少年、专家和自定义角色进行冒险案例的成因分析并提出相应的解决办法	巩固文本所学，通过小组情景活动进行知识的迁移创新并培养合作学习能力	10
	任务六	读后： 朗读探险家斯科特的名言、冒险主题的诗歌并深入讨论，思考青少年如何树立积极的冒险观	反思自身冒险行为并培养积极的冒险意识	3
课后复习	作业题	朗读课文，完成课本第8页概要和学历案自评表	养成朗读的习惯，并巩固课文内容	10
	自主活动	以小组为单位，基于课堂讨论和课文内容，撰写报告阐述冒险行为的成因并提出建议，完成后进行组内评价	巩固课文所学，并培养对于冒险行为的批判性认识	10

学习评语	过程评价	学习过程自评表
	成果评价	学习成果自评表

学习过程自评表

学习环节	评价项目	自我评价				
		5	4	3	2	1
课前预习	我认真预习了课文,初步扫除生词障碍					
	我按时完成预习单,发现课文理解上的问题					
课中学习	我能通过浏览文本把握主旨大意					
	我能在把握主旨的基础上,定位文章细节信息					
	我能结合文章内容,提出有关冒险的相关建议					
	我能积极参与小组讨论,形成对冒险行为的批判性认识					
课后复习	我能及时回顾课文内容,结合预习时发现的问题扫清课文理解障碍					
	我能及时巩固课文中的生词及词组					
	我能背诵相关段落,积累常用句型					
总评	总体而言,我对自己在学习过程中的表现满意吗?					
	非常满意□　　比较满意□　　一般□　　比较不满意□　　非常不满意□					
展望	我在哪些方面的表现需要继续保持? 在哪些方面可以表现得更好一些呢?					

注:5＝非常符合;4＝比较符合;3＝一般;2＝比较不符合;1＝非常不符合。

学习成果自评表

Read through the report of your group. Tick "yes" or "no" to each question.

Aspects	Guiding questions	Yes	No
Content	Do I state the reasons why teenagers take risks clearly?		
	Do I adopt the content of interview to support these reasons?		
	Do I put forward some advice on risk-taking based on the reasons?		
	Are the supporting details specific and reasonable, helping to explain the reasons?		
	Do I draw a conclusion in the last paragraph clearly?		

Aspects	Guiding questions	Yes	No
Language	Is language authentic and fluent?		
	Are a variety of sentence patterns used?		
	Do I use expressions (e.g. transition words) to show my logic?		
	Is grammar correct?		
	Is spelling correct?		
Structure	Does the report have proper structure: topic sentence, supporting details, conclusion?		

教后反思：本课选自上教版必修第二册第一单元"阅读与互动"板块"Blame your brain(怪你的大脑)"，作为本单元的第 1 课时。该篇为介绍性说明文，分析了青少年爱冒险的生理和心理原因，并提出了相应的解决方法。基于"双新"背景下学历案的教学探索，教师从单元学历案整体设计的角度，理清了单元各板块之间的关联性和整体性，深入挖掘了文本内涵，增设了深度理解和思考的教学内容。通过引导学生获取文本信息并进行阅读理解，帮助学生反思自我冒险行为，从而培养积极的冒险意识。层层递进的教学设计为这篇说明文赋予了育人价值，提升了语篇的内涵。

本节课通过问卷星在线调查单进行课前预习，教师从学生的经历出发，设计问题和活动，引导学生在学习过程中整合和运用学科知识去分析和解决问题。课堂上，教师以青少年电视访谈节目主持人的身份，通过"情境创设""问题讨论"与"小组活动"，结合微视频的导入，将各教学活动有机融合，有效激发了学生的学习积极性。

借助学历案的设计，教师能更有效地展开教学活动。以学历案作为文本理解和语言输出的支架，学生通过略读四个小标题，理解了文本结构和各段主旨；通过细读文本信息，明确了青少年爱冒险的生理和心理原因，包括多巴胺、额叶皮层发育等生理因素和同伴压力等心理因素；通过小组讨论，归纳出合理的解决办法并加以补充；通过开展青少年电视访谈活动，进一步巩固课本知识并进行迁移创新。这些活动引导学生从青少年冒险的社会因素进行深度思考，帮助他们树立培养的冒险意识，鼓励他们以积极的冒险观去挑战未来。学生借助学历案的语言支架，有效开展小组讨论和活动，充分地利用了语言支架进行表达，激发了学习的热情，培养了思维品质和合作学习能力。

学历案从单元教学角度出发,注重学习内容的统整性,符合新课标以核心素养为导向的大单元教学要求。通过学历案的任务指引,学生能够更准确、流畅地完成课前预设的教学活动,更好地达成了教学目标。同时,借助学历案的评价体系,教师能够更全面地了解学生课前、课后的学习任务达成度。

总之,通过本节课的教学实践,教师深刻认识到学历案在推动高中英语课堂教与学方式变革中的重要性。

第三节 单元学历案助推数学学科育人价值的实现——高中数学学科

一、数学课程独特的、不能替代的育人价值

数学具有抽象性、严谨性与广泛的应用性,这使得数学课程具有独特的不可替代的育人价值。数学学科的育人价值集中体现在帮助学生学会用数学的眼光观察现实世界,在错综复杂的事物中把握本质;会用数学的思维思考现实世界,在杂乱无章的事物中理清头绪;会用数学的语言表达现实世界,在千头万绪的事物中发现规律。

然而,目前的高中数学教学中,普遍存在“重结果、轻过程,重知识、轻素养,重做题、轻活动”等问题。要解决这些问题,实现数学学科育人价值,需要教学方式的深度转型,而转型的载体正是单元学历案。

二、单元学历案的设计与实践

学校高中数学组基于新课程、新教材进行了单元学历案的设计与实践。

首先对于高一的函数单元,我们完成了整体的学历案设计,并详细设计了10节高质量的课时教案,共5万余字,在全区予以推广,取得了良好的反馈。下面是学历案整体设计中的一些核心要点。

(一)上层设计

1. 单元大观念

在函数单元中,重点提升数学抽象、逻辑推理、直观想象、数学建模与数学运算

这五大数学核心素养。这些核心素养便是数学育人价值的具体表现。

2. 单元目标

函数单元目标如下：

通过具体函数理解一般函数的概念、基本性质；

能够建立函数模型解决实际问题；

能够用函数的观点认识方程、不等式，并解决方程和不等式问题，了解二分法求方程的近似解具有一般性。

在核心素养的指导下，我们设计了本单元的教学目标，并在行文中对每一条目标进行详细解析，确保目标具体化。例如，对于"通过具体函数理解一般函数的概念"，我们详细解读了"怎样算理解"，为教师与学生提供了参考。

3. 单元结构导图

在确定单元目标后，我们详细分析了整个章节的具体内容，设计了单元结构导图（图 5 - 16）。单元结构导图不仅展示了本单元的基本知识与基本技能，还能从中了解本单元的基本思想方法与基本活动经验，即数学中所强调的"四基"。单元结构导图告诉我们，数学中的"四基"不仅是理论层面的概念，还能具体化到单元教学中，成为教学实践的重要指导。

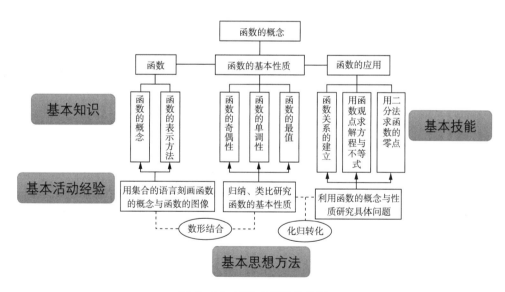

图 5 - 16　函数单元结构导图

（二）具体化方案

在完成单元学历案的上层设计之后，需要对具体课时的目标、内容、问题、难点进行分析,并对整个单元的学习过程与结果进行客观评价与反思。

1. 课时目标与内容分析

数学核心素养的养成并非一日之功,而是学生日积月累的结果,既需要整体教学设计,也需要步步为营的细致规划。如"数学学科学历案案例"表格(以下简称表格)所示,我们对每节课的课时目标与教学内容都进行了精心设计,明确了每节课指向的具体核心素养。

2. 诊断问题与难点概况

由于函数单元的内容抽象度较高,学生不易理解与掌握,这在一定程度上阻碍了学生数学核心素养的形成。因此,教学中需要关注并重点突破一些细节难点。如表格所示,我们详细罗列了单元中的学习难点,例如分段函数的奇偶性证明。这就需要教师在教学中渗透分类讨论与整体代换思想,帮助学生形成良好的逻辑推理与数学抽象素养。

3. 整合案例与科学评价

作为上层设计的最后环节,科学的评价与反思必不可少。为了避免评价陷入"唯分数论",我们既关注单元终结性评价,也重视学习过程中的过程性评价。通过单元学习过程自我评价表与教师评价表对日常学习进行监督、调控与激励,帮助学生形成良好的学习习惯,持续进步。

(三) 实施案例

1. 渐进式活动学历案设计

在高一函数单元的教学中,教师发现教材除了以具体内容为明线外,还存在一些贯穿式的暗线。例如,函数图像变换的研究从具体幂函数的图像关于 y 轴或原点对称,逐步过渡到函数奇偶性的问题;从研究两个具体指数函数图像关于 y 轴对称,逐步过渡到函数图像对称变换的问题;从研究同底的指数函数与对数函数图像关于直线 $y=x$ 对称,逐步过渡到一般反函数的问题。对于这些暗线,设计与之匹配的渐进式活动学历案,通过问题化的整体活动设计,将学生分段的学习经历串联起来,真正关注学生的学习过程,帮助学生形成良好的知识结构,促进数学素养的形成。有关函数图像变换的渐进式活动学历案设计如图 5 - 17 所示。

2. 课时学历案设计

在高二概率初步单元教学中,陶煜成老师利用学历案,呈现了一节"事件的独立性"课时学历案,如图 5 - 18 所示。这节课既是概率章节的收尾,也对整个单元的概念、思想与方法进行了高度的提炼。

实施案例一：**渐进式活动学历案设计（函数图像变换的活动研究）**

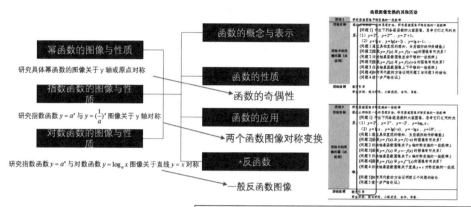

问题化的活动设计，将分段的学习经历串联起来，关注学习过程，帮助学生形成良好的知识结构。

图5-17 渐进式活动学历案设计

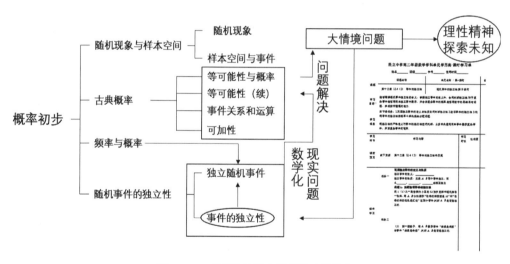

图5-18 "事件的独立性"课时学历案

在教学研究课中,教师以本章起始课中提到的大情境问题作为引例,通过层层递进、环环相扣的一系列问题,引导学生理解如何验证事件的独立性,并利用频率与概率的知识将现实中的概率问题转换为数学问题,从而利用古典概率的相关概念与公式解决了几个现实问题,进一步培养学生在本单元研究的基础上发扬理性精神与探索未知领域的能力。

在单元学历案的指导下,教师通过情景化、问题化的教学设计,将整个章节中零散的知识进行了有效整合,既达成了教学目标,又促进了学生数学核心素养的形成。

三、教学实践总结

总的来说,高中数学单元学历案包含了以下要素:

1. 整合顶层大观念的大单元教学目标设计;

2. 整合关键数学思想的单元结构导图设计;

3. 整合丰富教师经验的单元课时目标与问题诊断;

4. 整合优秀作业案例的单元评价方案设计;

5. 整合先进教学理念的单元活动设计;

6. 整合数学育人价值的单元课时设计。

通过进一步的实践与完善,基于学情的校本化学历案将成为学生学习的地图与手册,使数学学科的育人价值真正得以实现。

附数学学科学历案案例:

民立中学高一年级数学学科单元学历案·信息总表

姓名_____ 班级_____ 学号_____ 使用时间_____

	单元名称	单元来源/课时数	单元价值
学习主题	函数的应用	必修第一册/4课时	这一单元包括两个方面的单元价值:一个是针对简单的实际问题,选择适当的函数构建数学模型;另一个是从函数观点认识方程与不等式,并利用函数知识解决方程与不等式的问题

	课标要求	学习水平		学习目标
学习目标	能够从函数观点认识方程和不等式,感悟数学知识之间的关联;能够运用函数的图像与性质求方程的近似解;能够运用函数的图像与性质解不等式	从函数观点看一元二次方程	B	1. 会结合一元二次函数的图像,判断一元二次方程实根的存在性及实根的个数; 2. 了解函数的零点与方程根的关系
		从函数观点看一元二次不等式	B	1. 能借助一元二次函数求解一元二次不等式,并能用集合表示一元二次不等式的解集; 2. 借助一元二次函数的图像,了解一元二次不等式与相应函数、方程的联系
		用函数观点求解方程	B	1. 能够运用函数的图像与性质求方程的近似解; 2. 能够运用函数的图像与性质判断方程的根的情况
		用函数观点求解不等式	B	1. 能够运用函数的图像与性质求解不等式; 2. 能够运用函数的图像与性质解决不等式恒成立(有解)问题

	大任务（大问题）	学法建议	线上学习导航	线下学习导航
学习活动	如何利用函数解决方程与不等式问题？	回顾初中阶段三个"一次"的关系，推广到三个"二次"的关系，并进一步推广到一般函数与方程、不等式的关系	初中阶段关于三个"一次"关系的视频+《用函数观点求解方程与不等式》视频+导学PPT+章节测试	学案（1份/课时）+课后练习（1份/课时）+研究性课题
学习评价	参与情况	作业情况	检测情况	个性表现
学习反思	学习感受	作业订正	检测订正	进一步学习设想
其他信息：				

民立中学高一年级数学学科单元学历案·课时学习单

姓名_____　班级_____　学号_____　使用时间_____

课题	课题名称	单元名称/第×课时		备注
	二次函数的应用	函数的应用/第2课时		
学习目标	1. 通过回顾研究三个"一次"的关系，推广并建立三个"二次"的关系，学生能够运用二次函数的观点解决简单情形下的不等式问题，体会用函数观点处理不等式的基本方法，发展直观想象的数学素养； 2. 通过解决一些进阶性问题与任务，学生能够初步运用函数的图像与性质解决方程根的分布问题，体会数形结合、动态思考问题的思维方式，发展逻辑推理的数学素养			
学习任务	核心任务：用二次函数的观点求解含参数的一元二次方程与一元二次不等式			
	终极挑战性任务：设函数$(x)=|x^2-1|$，已知关于x的方程$(x)^2+2bf(x)+b+1=0$有8个不同的实数解，求实数b的取值范围			
学习环节	学习内容		学习时长/分钟	达成度高→低 5→1
课前预习	线上资源	1. 初中关于三个"一次"的关系的视频（空中课堂）； 2.《用函数观点求解方程与不等式》视频（来自网络） 3. 导学PPT（自制）		
	线下资源	学案1份		

学习环节		学习内容	学习时长/分钟	达成度高→低 5→1	
课中学习	任务一	通过回顾三个"一次"之间的关联,推广并建立三个"二次"之间的关联			
	任务二	基础任务1:解不等式$-2x^2+x-1<0$; 基础任务2:若不等式$ax^2+ax+a-3>0$对于一切$x\in\mathbf{R}$成立,求实数a的取值范围			
	任务三	进阶任务:若关于x的方程$x^2-5x+t+3=0$在区间$(1,3)$上有两个不等实数根,求实数t的取值范围			
	任务四	挑战性任务:设函数$(x)=x^2-2x+2$,已知关于x的方程$(x)^2-2bf(x)+b+2=0$有4个不同的实数解,求实数b的取值范围			
课后复习	自主活动	再次观看线上资源			
	作业题1	1. 当$x\in\mathbf{R}$时,不等式$(1-m)x^2-4x+6>0$恒成立,求实数m的取值范围; 2. 当$x\in(-3,1)$时,不等式$(1-m)x^2-4x+6>0$恒成立,求实数m的取值范围			
	作业题2	已知关于x的方程$4^x+m\cdot2^x+m+1=0$有实数根,求实数m的取值范围			
	作业题3	若定义域为$\mathbf{R}$的函数$(x)=\begin{cases}\lvert\lg\lvert x-1\rvert\rvert,x\neq1\\0,x=1\end{cases}$,则关于$x$的方程$(x)^2+bf(x)+c=0$有7个不同实数解的充要条件是(　　) (A)$b<0$且$c>0$　　　(B)$b>0$且$c<0$ (C)$b<0$且$c=0$　　　(D)$b\geq0$且$c=0$			
	……				
学习评语	自评				
	他评				

教后反思

一、反思教学目标

上海市静安区教育学院黄根初院长曾指出,制订课时目标的一种规格是:通过(经历)X(表示学习活动),能(会)Y(表示应会解决的问题,即显性目标),发展(提高、体会)Z(表示学科思想和方法、关键能力,即隐性目标)。同时,组织教学的一种结构如图5-19所示。

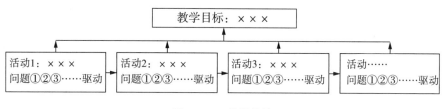

图 5-19 教学结构

从教师角度的理解是:课堂教学的每个环节的教学活动既是制订教学目标的依据,也是落实教学目标的具体体现。

本节课的教学活动有:

1. 得出二次函数与一元二次方程、一元二次不等式之间的关系;

2. 利用二次函数解决两个有关不等式问题;

3. 利用二次函数解决有关一元二次方程的根的分布问题;

4. 尝试完成挑战性学习任务。

本节课的教学目标如下:

1. 经历回顾研究三个"一次"的关系,推广并建立三个"二次"的关系,学生能用二次函数的观点解决简单情形下的不等式问题,体会用函数观点处理不等式的基本方法,发展直观想象的数学素养;

2. 经历一些进阶性的问题与任务的解决过程,学生能初步运用函数的图像与性质解决方程的根的分布问题,体会数形结合、动态思考问题的思维方式,发展逻辑推理的数学素养。

根据黄根初院长的建议,以上教学目标的制订基本符合要求,也体现了新课标的理念。但仍有改进的空间,比如:是否应根据四个教学活动制订四个教学目标,以使目标更明确,并便于在后续教学评价环节中对标落实。修改后的教学目标如下:

1. 通过回顾初中阶段三个"一次"的关系,学生能够推广并建立三个"二次"的关系,会用自然语言表达函数零点的本质,体会数学的整体性,发展直观想象素养;

2. 通过利用二次函数解决两个有关不等式问题的过程,学生能够学会用函数的观点求解不等式,总结出二次函数的关注点,体会数形结合的数学思想方法,发展直观想象素养;

3. 通过利用二次函数解决有关一元二次方程的根的分布问题,学生能够学会

57

用函数的观点看待方程问题,恰当地引入函数解决方程问题,体会数形结合、等价转化的数学思想方法,发展直观想象和逻辑推理素养;

4. 通过尝试完成挑战性学习任务,学生能够进一步感受用函数观点解决问题的巧妙之处,体会等价转化、数形结合的数学思想方法,发展直观想象和逻辑推理素养。

二、反思教学环节设计

数学课的教学环节通常由若干个数学习题联结而成,一个或几个同类习题构成一个教学环节。理想的教学环节设计应该具备环环相扣、循序渐进、引人入胜的特点,这需要在一堂课中设计一系列体现思维水平进阶性的数学习题作为教学环节。进阶性不仅体现在两个教学环节之间,还应体现在每个教学环节内部。初始任务应相对简单,一方面让大多数学生可以参与并增强学好数学的信心,另一方面是为后续的任务做好"铺垫",搭好"脚手架"。终极任务则可以具有挑战性,以达到学生的"最近发展区",从而激发学生的创造力,让学生在一节课中有更好的获得感。在高中数学教研组长和高一备课组组长的指导下,逐步厘清了设计思路,最终确定了四个教学环节。

1. 引导学生回顾初中研究的一次函数与一元一次方程、一元一次不等式之间的关系,进而得到二次函数与一元二次方程、一元二次不等式之间的关系,体会高中所学的函数零点的本质。

2. 利用二次函数解决两个有关不等式问题,包括纯数字系数的一元二次不等式的求解问题和含字母参数的不等式恒成立问题。通过解决两个问题,归纳总结出利用二次函数解决问题需要关注的几个方面:① 开口方向;② 对称轴;③ 与 x 轴(横轴)的交点情况;④ 特殊点的函数值。

3. 利用二次函数解决有关一元二次方程的根的分布问题,提供两种解法:第一种解法是将方程的一边直接记作含有参数的二次函数,另一边为零,由此将方程的根的问题转化为一个函数的零点问题,再根据题意画出满足条件的函数图像,利用函数图像列出等价的不等式组,求解不等式组得出结论;第二种解法是通过移项实现"参变分离",将方程含有变量的一边记作纯数字系数的二次函数,含有参数的一边记作常函数,由此将方程的根的问题转化为两个函数的交点问题,画出图像得出结论。

4. 尝试完成挑战性学习任务,要求学生恰当地引入函数,顺利地画出函数图像,准确转化问题并最终解决问题。

遗憾的是,挑战性任务最终没能完成,说明设计的任务偏难,未完全契合学生的"最近发展区",同时也反映出教师课前对学情分析不足,未来须在这方面有所改进。

此外,根据黄根初院长的建议,每个教学活动应以问题链为驱动。本节课的问题设计在语言的精准性、表达的适切性及提问的时机性等方面仍有改进空间。

"学,然后知不足;教,然后知困。"教师应不断反思教学实践,虚心向有经验的教师请教,逐步完善教学设计理念,提升教学设计能力,以期在教学上取得长足进步,更好地胜任教学工作,出色完成各项教育教学任务。

第四节　基于学历案设计挑战性任务——初中数学学科

一、"新中考"的导向

教育部在 2016 年发布的《关于进一步推进高中阶段学校考试招生制度改革的指导意见》中指出,减少单纯记忆、机械训练性质的内容,增强与学生生活、社会实际的联系,注重考查学生综合运用所学知识分析问题和解决问题的能力。教育部在 2019 年发布的《关于加强初中学业水平考试命题工作的意见》进一步强调,"试题命制既要注重考查基础知识、基本技能,还要注重考查思维过程、创新意识和分析问题、解决问题的能力"。这两份意见都要求学生能够真正做到学以致用,因此未来的考试将更加突出能力导向,更多基于学生生活和社会实际情景的问题将出现,以杜绝高分低能的现象发生。

例如,2024 年中考卷中讨论最热烈的加油卡问题,就是基于生活情境的问题。此外,第 6 题创设了数学情境,第 16 题以垃圾分类为背景创设了社会情境,这些问题都紧密联系实际、情境真实,几乎覆盖了核心素养的各个方面。然而,学生们在这几道题中的表现并不理想,这反映出他们在真实情境下解决问题的能力比较薄弱,而解决这些生活问题正是当前中考考查学生核心素养的大方向之一。

二、学科素养的要求

初中阶段数学核心素养主要细分为九大块,从另一个角度来看,可以分为三个层面:数学知识、问题解决和数学思维。这三个层面的进阶过程,实质上是知识向素养内化的过程。以往的教学和训练主要集中在数学知识层面,即核心素养的基础层面。

为了更好地提高学生解决问题的能力和培养学生的数学思维,教师在教学设计和作业设计等各方面,要有意识地选择和生活现实相关的问题,也可以基于真实情境创生新题。这样的课堂和作业不仅有利于学生理解所学内容的内涵,还能更好地揭示数学与现实之间的联系,提高学生的核心素养。

基于真实情境的新题创生对大部分教师而言是一个挑战。然而,新题创生并不一定需要从无到有的创造,完全可以为原有的练习题设计一个合理的情境。例如,对于已经学过二次函数的概念、图像和方法等数学知识的九年级学生来说,完成下面这道题比较容易。

2023年上海市中考数学试题第22题:"中国石化"推出促销活动,一张加油卡的面值是1000元,打九折出售。使用这张加油卡加油,每一升油,油的单价降低0.30元。假设这张加油卡的面值能够一次性全部用完。

(1)他实际花了多少钱购买会员卡?

(2)减价后每升油的单价为 y 元/升,原价为 x 元/升,求 y 关于 x 的函数解析式。(不用写出定义域)

(3)油的原价是 7.30 元/升,求优惠后油的单价比原价便宜多少元。

这就是一道基于数学情境的简单问题,涉及运算能力和几何直观等核心素养。我们可以赋予其一个生活情境,创设一道有关"汽车制动距离"的新题,这样就升级成了一道较为复杂的实际问题。这样的设计能够让学生综合运用所学知识分析问题和解决问题,覆盖更多的核心素养。

学生首先需要从情境中抽象出数学元素(如车速、制动距离),分析数据的特征,选择合适的单位长度,建立平面直角坐标系,再描点、连线得到函数图像。这一过程积累了从具体到抽象的数学活动经验,有助于学生形成抽象能力和数据观念。接着,学生通过观察图像特征推测函数模型,并求出函数解析式。这一环节要求学生数形结合地看待函数图像,从中发现最本质的规律,其中不仅运用了几何直观能力,还提升了模型观念、推理能力、运算能力与应用意识等核心素养。

对于能力较强的学生,可以将此题转化为一个实践性的调研任务,创生为一个开放、复杂的数学建模问题:让学生分工合作,调查家用汽车或者自己感兴趣的车辆的车速与相应的制动距离,自主收集数据。完成这项任务不仅需要收集数据,还要求学生经历分析数据、建模、表征、验证和反思等过程。与之前的问题组相比较,这一调研任务中数据观念、抽象能力、模型观念、应用意识等核心素养表现更为突出。

在以上问题组中,创新意识这一核心素养涉及较少。因此,可以在教师的引导下,让学生参与新题创生,或者教师提供一个大主题(如"发现生活中的抛物线"),让学生寻找和创作。这不仅培养了学生的创新意识,还对他们提出了更高的要求,既要学生能用数学眼光观察世界,找到有趣的实际问题,又要学生能用数学语言表达,阐明问题,最后还要学生能用数学思维来思考如何解决这个问题。这一系列活动全面覆盖了核心素养,有助于培养学生的理性精神。

我们鼓励教师在课堂设计和新题创生中,多尝试一些基于真实情境的挑战性学习任务,让学生能在掌握知识和技能的同时,理解数学的本质,形成和发展数学核心素养,为高中阶段的学习打下坚实的基础。

附数学学科学历案案例:

民立中学九年级数学学科单元学历案·信息总表

姓名_____ 班级_____ 学号_____ 使用时间_____

	单元名称	单元来源/ 课时数	单元价值
学习 主题	二次函数	九年级第一 学期/10课时	"二次函数"这一章是在学习一次函数、反比例函数的基础上,具体研究的第三个函数模型,也是应用研究函数性质的一般方法的第三次实践。对学生而言,这不仅是对新的函数模型的学习,更是对函数研究方法的进一步掌握,为后续研究其他函数积累了宝贵经验。二次函数的学习过程充满着观察、分析、抽象、概括等方法,蕴含着从特殊到一般、数形结合以及函数思想,因此学习二次函数是学生认识函数的又一次飞跃。 "二次函数"是初中数学的核心内容,是学生体会数形结合思想的载体,也是初中代数的终结性知识,在初中代数中具有统领地位。通过本章的学习,学生能够培养和提高运用函数模型(函数思想)解决实际问题的能力,逐步提升分析问题和解决问题的能力,为高中阶段的进一步学习奠定坚实基础。

	课标要求	学习水平		学习目标
学习目标	了解二次函数概念,会画出二次函数图像并平移,认识其图像及性质;会用配方法互化二次函数的表达式,熟练掌握各种表达形式的二次函数图像及其性质;树立函数的观点,掌握数形结合的思想方法;经历探究实际问题用二次函数表示的过程,并能用二次函数的性质解决实际问题,培养数学建模的应用能力	二次函数概念	B	通过实际问题确定二次函数表达式,并体会其意义
		二次函数图像	B	会用描点法作出二次函数的图像并会通过图像和图像的平移认识二次函数的性质
		二次函数性质	B	能通过二次函数的表达式推断图像性质;会用数形结合的思想分析问题
		配方法	B	会通过配方法把二次函数的一般式化成顶点式,进一步理解各种表达形式的二次函数图像的性质
		二次函数建模	B	会将实际问题用二次函数表示,并通过二次函数的性质解决问题
学习活动	大任务(大问题)	学法建议	线上学习导航	线下学习导航
	水涨船高,船过拱桥	联系实际生活+学习二次函数建模+实例想象	课后习题讲解	船过拱桥例题讲解+课后练习+实例探索
学习评价	参与情况	作业情况	检测情况	个性表现
学习反思	学习感受	作业订正	检测订正	进一步学习设想
其他信息:				

大单元设计围绕大概念、大任务和现实生活问题展开,以学科大概念为核心,以学科核心内容为载体,以学科基本思想方法为统领,整合课程内容,组织单元学习活动,实现整体大于部分之和的教学效果。以下是一个关于二次函数的大单元设计示例:

单元名称:二次函数的应用

大任务:设计一个抛物线形的公园滑梯

子任务与活动:

1. 理解二次函数:通过观察生活中的抛物线形状物体(如拱桥、隧道等),理解二次函数的基本概念。通过数学实验,绘制二次函数的图像,探究其性质。

2. 设计滑梯的形状:根据二次函数的性质,设计滑梯的形状。考虑滑梯的长度、宽度、坡度等因素,确保滑梯既安全又有趣。

3. 建模与计算:使用数学模型对滑梯进行建模,通过计算找出最优的设计方案。例如,使用二次函数计算滑梯的最高点和最低点。

4. 实际制作与测试:根据设计方案,制作滑梯模型。进行实地测试,观察滑梯的性能,并根据实际反馈进行调整。

5. 总结与反思:总结整个设计过程,反思应用二次函数解决实际问题的经验和教训。

这个大单元设计围绕"二次函数的应用"这一大概念展开,通过解决现实生活中的问题(设计滑梯),帮助学生理解和掌握二次函数的相关知识。同时,通过实践活动,培养学生的创新思维和实践能力。

民立中学九年级数学学科单元学历案·课时学习单

姓名＿＿＿＿＿＿　班级＿＿＿＿＿＿　学号＿＿＿＿＿＿　使用时间＿＿＿＿＿＿

课题	课题名称		单元名称/第×课时		备注
	二次函数的实际应用——拱桥问题		二次函数/第 10 课时		
学习目标	1. 能运用二次函数的知识解决相关实际问题,体会数形结合思想,发展抽象能力、模型观念等核心素养; 2. 经历抛物线形拱桥问题的解决过程,体会数学源于生活,又服务于生活,发展应用意识和创新意识等核心素养				
学习任务	利用二次函数知识解决抛物线形拱桥问题				
	根据上课的例题情景设计数学问题,发挥创造力				
学习环节	学习内容			学习时长/分钟	达成度 高→低 5→1
课前预习	线上资源	空中课堂视频、不同类型桥的图片		10	3
	线下资源	卢浦大桥介绍,拱桥的图片欣赏		1	5
课中学习	任务一	一座抛物线形拱桥,当拱桥的高度为 5 米时,水面的宽度为 10 米: 1. 建立适当的平面直角坐标系,求这条抛物线所对应的函数解析式		8	5

学习环节		学习内容	学习时长/分钟	达成度 高→低 5→1	
课中学习	任务二	2. 一条高 3 米、宽 6 米的货船要从桥下驶过，能否顺利通过？（假设船底与水面齐平）	6	5	
	任务三	3. 如果水面上涨 1 米，那么高 3 米、宽 6 米的货船还能从桥下通过吗？（假设船底与水面齐平）	6	5	
	任务四	4. 当水面下降 1 米时，这条宽 6 米的货船要从桥下通过，则船的最大高度可以为多少米？（假设船底与水面齐平）	4	5	
	任务五	练习：一座抛物线形拱桥，当拱顶离水面 2 米时，一条宽 2 米、高 1.5 米的船恰好能通过，此时水面宽多少米？（假设船底与水面齐平）	6	5	
	任务六	基于以上实际情景，同学们还能提出哪些数学问题呢？	8	5	
课后复习	自主活动	本节课解决了一个什么实际问题？我们是如何解决的？运用了哪些数学思想？	1		
	作业题	探究活动： 公路隧道设计的可行性分析 　　某一新建公路需穿越一座大山，对隧道的设计要求如下：确保宽度不超过 2 米、高度不超过 2.8 米的汽车可同时双向通行；汽车通行时，上部与隧道顶部的间距不少于 0.2 米。为节省建筑成本并兼顾美观，还要求隧道的最大高度不超过 4.5 米、宽度不超过 6 米；隧道顶部横线为抛物线，两侧为直立面，中间不加支柱。 　　有一个方案设计的隧道截面由一段抛物线和矩形 $ABCD$ 中的三边围成，图形关于 BC 的垂直平分线成轴对称。抛物线顶点 M 到 BC 的距离为 4.25 米，矩形的边 AB 的长为 2 米，BC 的长为 6 米。试思考以下问题： 1. 这一设计是否符合汽车通行的要求？ 2. 为保障行车安全，车道不能过于靠近隧道两侧。在这一设计方案中，车道边界与隧道一侧的最小距离约为多少米？ 3. 在特殊情况下，如一辆宽度为 2.6 米、高度达到 3.6 米的汽车，是否可以单行通过？		5	
学习评语	自评				
	他评				

教后反思：在抛物线形拱桥问题的教学过程中，执教老师深刻认识到了数学与实际生活的紧密联系，以及如何通过实际问题激发学生的学习兴趣和探究欲望。

首先，以卢浦大桥为引入点，结合实际情境，让学生感受到抛物线形拱桥问题的实际意义。通过展示抛物线在生活中的应用（如拱桥、隧道等），学生能够更直观地理解抛物线的形状和性质，激发他们的好奇心和求知欲。

其次，在教学过程中，教师可通过问题推进的方式，引导学生总结判断船过拱桥的方法，使他们在互相学习和启发中得到成长。

再次，教师应加强对学生数学思维的培养。在解决抛物线形拱桥问题时，学生需要运用建模、转化、数形结合等数学知识和思维方法。通过引导他们运用这些方法，可以帮助他们更好地理解和掌握问题的本质，提高他们解决问题的能力。

最后，教师应引导学生结合生活实践，自主设计数学问题，发挥他们的创造力。

综上所述，通过抛物线形拱桥问题的教学反思，教师可认识到自身的不足和改进方向，在未来的教学中将更加注重学生数学思维的培养，并不断改进和完善教学方式。

第五节　指向地理实践力提升的学历案设计——高中地理学科

在"双新"背景下，地理实践力作为地理学科核心素养之一，深刻影响着课堂教学活动的组织方式。与此同时，生活地理的理念在情境教学实践的背景下再度焕发生机。地理实践力与生活地理看似缺乏直接联系，实则渊源深厚且蕴含内在逻辑。

地理实践力教育可追溯至美国教育家杜威的"做中学"理论，而杜威提出的"教育即生活，学校即社会"的观点也引领了生活地理的发展。因此，地理实践力与生活地理之间存在密不可分的联系。在以往的实践研究中，多通过"做中学"的教育方法来落实"教育即生活"的理念，因而，更关注通过地理实践力活动推进生活地理教学的实施。

新课标将地理实践力作为核心素养之一，使其内涵从一种教学活动拓展为学生需要具备的必备品格与关键能力，进一步丰富了生活地理与地理实践力之间的关联。然而，目前通过生活地理培养地理实践力的相关研究仍较为有限，人们对生活地理在地理实践力培养中的价值与策略缺乏深入认识。我们意识到,生活地理教学所倡导的"在生活中学习有用的地理"不仅需要地理实践力,而且对地理实践力的培养具有促进作用。这种促进作用可以在课堂教学的设计、实施与评价等环节中得到落实。

一、地理实践力评价指标体系的建构

提及实践力,首先需要从实践说起。根据《现代汉语词典(第7版)》中的释义,实践主要包含两方面含义:一是实行或履行;二是人们有意识地从事改造自然和改造社会的活动。实践通常从哲学层面进行阐释,而实践力则更多地应用于教育学领域。在当今国内外教育改革背景下,实践力多指学生必备的核心素养之一,是实践操作能力与知识经验实践化能力的结合。实践力是一种超越特定领域的通用素养,而非局限于某一特定领域的素养(如数学素养、语言素养等)。因此,在学校教育中,实践力的培养并不是某一特定学科的课程目标,只是于不同的学科课程而言,实践力的具体类型及达成方式有所不同。

在地理课程中培养实践力,通常是指作为地理学科核心素养之一的地理实践力。地理实践力是指人们在地理实验、社会调查、野外考察等实践活动中所具备的意志品质和行动能力。世界发达国家和地区纷纷提出,教育要重视发展学生的智能,而不仅仅是掌握系统、全面的地理知识。例如,赞可夫在其设计的地理教学大纲中指出,掌握系统、全面的地理知识不再是唯一目标,知识被看作促进学生智力发展的材料、物质和能量,而发展智力成为重要的教学目标。

《地理教育国际宪章》指出地理教育通过实地考察、绘制地图、调查访问和运用统计数据等实践活动,有助于个人素质和社交能力的发展,特别是对日常生活的空间度量上和国际了解上有所帮助。同时,地理教育通过让学生了解国际团结与合作的必要性,"为参与解决社区、国家以至全世界的问题做好准备",并确保"人们注意到个人和社会的行为所产生的影响,以及获得准确的信息和技能,使他们能够就环境问题作出正确的决定和建立一套环境道德规范,作为行动的指南"。

本项目尝试通过对地理实践力内涵的理解与水平划分的解构,构建地理实践力评价指标体系。基于此,进一步发掘生活地理教学对培养地理实践力的价值,并探索在地理实践力培养指导下,生活地理课堂教学的设计、实施及评价策略。

从课程标准中地理实践力的内涵的表述来看,它是指人们在不同实践活动中所具备的品质与能力。实践活动的类型丰富多样,包括科学实验、野外考察、社会

调查等不同实践场景的活动。然而,这些实践活动的场景都源于生活,因此生活地理是培养地理实践力的源头与重要途径。

根据地理课程标准对地理实践力内涵和表现的描述,结合相关理论和地理教学实践特征,教师从实践场景、意志品质和行动能力三个角度对地理实践力重新进行了划分,以便构建相应的指标体系。

指标体系建构的项目和内涵

项目	内涵			备注
实践场景	科学实验	野外考察	社会调查	在哪做
意志品质	积极性	学习力	意志力	怎么做
行动能力	信息获取	工具使用	活动实施	做什么

实践场景划分是为了确定活动的空间,便于在生活地理中选择合适的场景进行教学设计。根据我国高中学生课内、课外的基本学习活动方式,地理实践力素养生成的场景可分为科学实验、野外考察和社会调查三大类,即"做中学"教学方法下地理实践活动"在哪做"。其中,社会调查从内容上看属于调查社会的活动,从空间上看属于社会中的调查。考虑到课外教学开展频率有限,而且虚拟的课外实践活动具有与真实活动相似的功能,因此,本研究将课堂中虚拟的课外实践活动等同于真实的课外实践活动。

意志品质是从心理学的角度,关注实践活动的主观能动性。依据地理实践力的水平划分,并结合心理学的划分方法及循序渐进的思路,本研究认为,地理实践力素养在意志品质维度上包含积极性、学习力和意志力三个方面。这些方面分别代表实践探索的兴趣、学习反思的主动性和克服困难的勇气与方法,即"做中学"教学方法下地理实践活动"怎么做"。

行动能力是为了区分实践活动的类别,便于描述生活地理中的实践活动行为。地理实践力主要表现在信息的收集与处理、问题的发现、工具的选择与使用、活动方案的设计与问题的解决等方面。依据地理实践力的水平划分,并按照层层递进、螺旋上升的思路,本研究将地理实践力在行动能力维度上划分为信息获取、工具使用和活动实施三个方面,即"做中学"教学方法下地理实践活动"做什么"。

基于上述分析,构建了地理实践力评价指标体系。其中,外显的行动能力作为一级维度,蕴含实践主观能动性的意志品质作为二级指标,生活地理开展的实践场景作为三级参数。这一体系为地理实践力的评价提供了系统化的框架。

地理实践力评价指标体系

信息获取			工具使用			活动实施		
积极性	学习力	意志力	积极性	学习力	意志力	积极性	学习力	意志力
在科学实验中自己动手搜集有效地理信息的积极性	在科学实验中对获取的信息进行分析、理解与建构反思能力	在科学实验中克服困难、寻找解决方法的意志力	在科学实验中使用地理工具、信息技术等的积极性	在科学实验中对地理工具、信息技术等的学习应用与反思	在科学实验中克服地理工具学习应用困难的意志力	在科学实验中设计方案、科学实施的积极性	在科学实验中学习、借鉴与反思总结的能力	在科学实验中克服困难、发挥能动性实施的意志力
在野外考察中自己动手从具体事物中寻找有效地理信息的积极性	在野外考察中对获取的信息进行分析、理解与建构反思能力	在野外考察中克服困难、寻找解决方法的意志力	在野外考察中使用地理工具、信息技术等的积极性	在野外考察中对地理工具、信息技术等的学习应用与反思	在野外考察中克服地理工具学习应用困难的意志力	在野外考察中设计方案、科学实施的积极性	在野外考察中学习、借鉴与反思总结的能力	在野外考察中克服困难、发挥能动性实施的意志力
在社会调查中主动寻找有效地理信息的积极性	在社会调查中对获取的信息进行分析、理解与建构反思能力	在社会调查中克服困难、寻找解决方法的意志力	在社会调查中使用地理工具、信息技术等的积极性	在社会调查中对地理工具、信息技术等的学习应用与反思	在社会调查中克服地理工具学习应用困难的意志力	在社会调查中设计方案、科学实施的积极性	在社会调查中学习、借鉴与反思总结的能力	在社会调查中克服困难、发挥能动性实施的意志力

该地理实践力的评价指标体系既可以作为教师教学设计的依据,也可以作为课堂教学的实践参考。

二、指向地理实践力培养的生活地理教学思考

地理实践力评价指标体系的构建为课堂中地理实践力培养提供了评价依据。在课堂教学中,可以借助 UbD(Understanding by Design)教学法,以评价为驱动进行课堂教学设计与实施。

由威金斯等人倡导的追求理解的教学设计理论,简称 UbD 理论,因其与常规教学设计的教学思维相逆,强调从学习结果和学习评价出发逆向思考,故又称为"逆向教学设计"。遵循 UbD 模式"以终为始"的设计理念,教师在进行基于 UbD 理论的教学设计时,应从学生"如何学"而非教师"怎样教"的角度进行逆向思考。

"逆向教学设计"将教学设计分为三个阶段,即确定预期的结果—选择合适的评估证据—设计学习体验和教学。该模式以学习结果为起点,评价优先,使教学设计更加整

体化和连续化,强调目标达成,不仅有助于培养学生的核心素养,还能促进教师的专业发展。以"生活地理培养学生地理实践力"的项目为例,三阶段的"逆向教学设计"如下:

阶段1 确定预期的结果

虽然地理实践力培养是本项目的主要实践目标,但是其内涵丰富,不是几节课能够实现的。因此,需要进行整体单元设计,在厘清地理实践力的内涵与分类的基础上,科学设计地理实践力培养的单元,并预设学生通过单元学习后地理实践力的有序提升的路径。

阶段2 选择合适的评估依据

为地理实践力的培养构建合适的评价依据至关重要。由于相关研究不多,我们初步构建了"地理实践力评价指标体系",并在教学实践中运用此评价依据,客观分析通过生活地理培养地理实践力的效果。

阶段3 设计学习体验和教学

学习体验的设计应帮助学生明确学习方向和预期结果,调动并保持学习兴趣,帮助学生体验主要观点并探索问题,同时提供反思和修正理解的机会。具体来说,在生活地理教学目标设计时,要体现地理实践力培养的序列化思考;在教学活动设计时,要根据教学内容选择合适的实践场景,融入信息获取、工具使用、活动实施等能力培养,调动学生的积极性、学习力和意志力;在教学评价时,借助"地理实践力评价指标体系"通过自评、师评、生评等多元方式综合评价地理实践力的培养效果。

附地理学科学历案案例:

民立中学高二年级地理学科单元学历案·信息总表

姓名_____ 班级_____ 学号_____ 使用时间_____

	单元名称	单元来源/课时数	单元价值
学习主题	海—气相互作用	选择性必修1/6课时	河流水、湖泊水、冰川水、地下水等多种形式存在的陆地水体,相互作用、相互转化,构成了生生不息的陆地水系。海洋是地球巨大的贮热器。高低纬度间的洋流,海洋和大气间的相互作用,共同维持着全球热量和水汽的平衡。本单元的学习,有助于学生认识湖泊、沼泽等陆地水体对河流水量的调蓄作用,及其对局地气候和生态系统的影响;探究洋流分布规律、厄尔尼诺和拉尼娜等现象及其形成和对人类活动的影响。分析海—气相互作用的机制和过程,预判厄尔尼诺和拉尼娜现象对区域自然环境、全球气候的影响。

	课标要求	学习水平		学习目标
学习目标	1.绘制示意图,解释各类陆地水体之间的关系; 2.运用世界洋流分布图,说明世界洋流分布规律,并举例说明洋流对地理环境和人类活动的影响; 3.运用图表,分析海—气相互作用对全球水热平衡的影响,解释厄尔尼诺、拉尼娜现象对全球气候和人类活动的影响	1. 陆地水(陆地水体的主要类型;陆地水体的相互关系)	能够辨识不同的陆地水体类型; 能够简单地分析陆地水体间的相互关系; 对于给定的陆地水体类型,能够分析出其主要补给的类型; 能够结合现实生活,分析人类活动对陆地水体的影响	1. 绘制示意图,解释陆地水体之间的相互转化与补给关系; 2. 以某一条河流补给为例,分析河流水与其他陆地水体的相互转化与补给关系
		2. 海洋水(洋流分布规律;洋流对地理环境和人类活动的影响;海—气相互作用及其影响;厄尔尼诺与拉尼娜现象)	能够辨析寒暖流、各洋流分布位置; 能够说出四大渔场的位置; 能够简单解释洋流的分布规律以及四大渔场形成的原因; 能够解释海—气相互作用的原理,并能够分析厄尔尼诺和拉尼娜现象产生的原因; 能够结合具体案例分析洋流对地理环境的影响,形成尊重海洋、保护海洋的意识	1. 结合洋流分布模式图,归纳世界洋流的分布规律; 2. 结合实例,分析洋流对沿岸气候、海洋生物、海洋航行、海洋污染的影响; 3. 运用图表分析海—气相互作用对全球水热平衡的影响; 4. 举例说明厄尔尼诺和拉尼娜现象对全球气候及人类活动的影响
学习活动	大任务(大问题)	学法建议	线上学习导航	线下学习导航
	熟悉水体及其运动规律和水环境等,改善、优化我们的生活和生产。本课解决:我们只有一片海洋——如何走向深蓝?	利用书本、图册、船讯网等工具,结合具体案例提出挑战性任务,进行分析现实问题、解决实际问题,进而获得新的知识,提升地理学科核心素养	导学PPT 船讯网(洋流、水温、台风、气压、风力、船只航行等资讯)	学习任务单(我国海洋捕捞走向深蓝)

	参与情况	作业情况	检测情况	个性表现
学习评价	围绕挑战性任务，学生积极参与，课堂活跃；学生能够利用提供的"脚手架"和工具开展自主学习和小组研讨，应对任务，并提出问题；师生、生生互动有许多丰富的生成	挑战性的作业设计、任务安排激活学生、激活课堂、激发学生开展探究学习、互动学习、小组学习。进阶问题的挑战促进进阶思维提升，作业、任务达成度点评有针对性和精准性。	学生能够完成任务，完成情况总体良好	学生既有小组学习，也有个体自学，学习思维活跃度高，个性活跃、表现突出
	学习感受	作业订正	检测订正	进一步学习设想
学习反思	理解世界洋流分布的规律性，这些规律不仅影响航行路线的选择，还决定了远洋捕鱼渔场的位置，同时，建立起"洋流与生活"的关联，深化对洋流影响的认识	世界洋流规律掌握起来相对容易，但应用其分析实际问题仍然具有挑战性。因为各海域既有共性问题，也存在特殊情况，分析差异并针对性地解决海域的实际问题，需要因地、因时探究	洋流的成因分类、异常变化，厄尔尼诺和拉尼娜现象对全球海—气影响及其对人类活动的影响	船讯网内容丰富，实时推送世界海域的自然情况以及船只的航行信息。通过平台，用户可以找到最佳航线和最繁忙航线，还能定位合适的渔场开展捕捞作业

其他信息:高二年级学生已经学习了必修课程，了解了海水的性质和运动，熟悉了海洋，也对影响人类生产、生活的地理环境资源和区位因素有了一定的认识。然而，学生们对于海洋表层大规模的运动——洋流对人类活动的影响，仍然存在一定的"传统的认知"。因此，需要设计具有挑战性的任务，解决现实问题，创新性地引导学生学以致用。我国开展远洋捕捞对海洋生态安全、海洋资源安全以及海洋权益维护起到了重要的作用。在我国从海洋大国迈向海洋强国的过程中，海洋资源勘探开发走向深蓝以及海洋权益日益强调之际，关注海洋和远洋捕捞变得异常重要。

"水圈与海—气相互作用"单元设计(图 5 - 20):

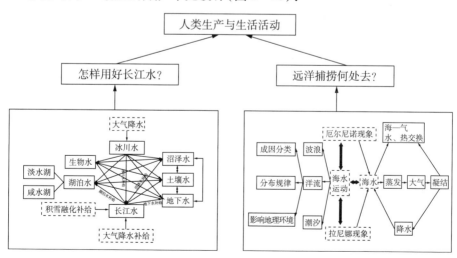

图 5 - 20 "水圈与海—气相互作用"单元设计

课题	课题名称	单元名称/第×课时		备注
	洋流对地理环境和人类活动的影响	海—气相互作用/第4课时		

学习目标	1. 结合实例,分析洋流对沿岸气候、海洋生物、海洋航行、海洋污染的影响; 2. 通过专题地图,能够判读某一海区的洋流及其影响、渔场分布区域,并作迁移分析; 3. 运用互联网平台,能够熟悉海况,形成保护海洋环境、建设海洋命运共同体的意识,从而更好地利用海洋资源,走向深海	能够运用平台、互联网资讯获取信息,解决真实问题
学习任务	1. 根据具体案例,分析和掌握洋流对沿岸气候、海洋生物、海洋航行、海洋污染的影响; 2. 分析我国远洋捕捞目的海域,并分析各个海域的海况及其影响捕捞业开展的因素; 3. 从影响人类生产生活以及未来发展的角度,认识到共同保护海洋以及携手深度开发海洋资源的重要性	通过设疑、提出具有开放性和挑战性的任务,激发学生参与学习的兴趣

学习环节		学习内容	学习时长/分钟	达成度 高→低 5→1	
课前预习	线上资源	日本核辐射污水排放影响——包括污水排放的范围、传播速度及影响因子等数据;《中国的远洋渔业发展》白皮书——自1985年以来我国远洋捕捞业的发展、进步以及面临的挑战和机遇;船讯网——提供全球各海域的海况实时数据和海运情况,用于提取有效信息并解决现实问题	20	4	核污水扩散数据助力问题分析
	线下资源	高中地理必修第一册、选择性必修1教材及其配套图册; 下载并调试好有"船讯网"应用的平板电脑; 配备学习任务资料和学习任务单	20	5	接近真实生活下运用资源解决问题
课中学习	挑战性任务前奏	假如我们坐上"时光机"回到500年前,从"洋流形成和分布规律"视角,优化一下"麦哲伦环球航线"路径,并简略说一下理由	5	4	学生能运用洋流分布规律优化路线,但有随意性,并且忽视了人文因素的影响
	挑战性任务一	研究人员进一步选择了日本宫崎、中国上海和美国圣迭戈这三个沿海城市进行对比,分析了第4000天时污染物浓度的结果(按严重程度从大到小排序),是不是离福岛越近的地方核污染就可能越严重?	5	5	改变诠释方式,改为提出"悬念性问题",引导现实问题的分析

学习环节		学习内容	学习时长/分钟	达成度 高→低 5→1	
课中学习	挑战性任务二	寻找渔场:既然有四大渔场,为何西非成为我国远洋捕捞量最大的海域?	5	4	远洋捕捞是一个比较陌生的领域,又是我国走向深蓝需要考虑的问题
	挑战性任务三	走进此刻的海洋,利用船讯网了解海况,结合书本内容,从洋流的视角,你还发现(或验证)了哪些有意思的信息? 依据洋流影响,对照图册内容,将地名填写到对应温度的表格中	10	5	资源不一定需要拥有,可以借用。在日常学习中,我们可以借助互联网上的丰富资源,船讯网就是其中之一,它提供实时的海况和海洋航运资讯
	高阶开放思维的挑战性任务	自主思考:我为远洋捕捞献一策	5	5	很多时候,我们只关注渔场的形成及其分布,而对于这些世界渔场怎样有效利用,往往选择"近视"
	本课学习逻辑线索		3	5	有一定追求的学习往往是美好的
课后复习	自主活动1	寻找"远洋航行",在哪些地方遭遇"雾"的概率较高?	20	4	"雾"的生成有其综合性一面,需要考虑多种因素
	自主活动2	举例分析我国如何利用洋流分布及其规律开发沿海资源?	8	5	关注我国近海养殖

学习评语	自评	洋流对地理环境以及人类生产生活的"传统认识"有着深远影响。如何突围,需要创新设计问题或者任务,激发学习。"假如我们坐上时光机回到500年前,如何利用洋流知识优化麦哲伦的航线""日本核污水排海4000天后污染物浓度对比""走向深蓝——中国远洋船高质量发展""'蓝色粮仓'如何永续"……无论是过去、现在,还是未来;无论是人与人、人与地,还是人与自然,都在追求美美与共。通过汇聚的知识体系,我们呈现了一堂颇有深度、广度、人文情怀和高度育人价值的课。我们只有一片海洋,如何走向深蓝,如何"知海""用海""爱海",是每一个地理人都该思考的问题。本节课设计的挑战性任务层层递进,在完成任务中,固化知识、建构网络、学会学习、学会应用,最终成为我国走向海洋强国的"报幕人"。	
	他评1	关于"洋流对自然环境和人类活动的影响": 第一,注重情境创设与衔接。本节课中采用了丰富多样的情境材料,把整节课分为三个部分:行在海上、呵护海洋、走向深蓝。通过这些情境串联起了洋流对地理环境的影响,且情境有序并富有启发性。在抛出每一个材料的时候,并不是随意而为,而是具有一定目的,并通过问题的形式引导学生思考。 第二,启发式评价与及时反馈。课堂上,学生的思考可能有对有错,教师非常注重表扬与鼓励,整节课没有批评任何一位学生。当学生的问题或回答有点突兀时,教师能及时引导鼓励学生继续思考。当学生回答问题后,教师会通过信息化数据将结果呈现出来,进一步激发学生的兴趣。 第三,将情境升华融入课堂。平常上课时,教师会在最后一张PPT时升华主题,而本节课的主题升华贯穿整个课堂,整节课环环相扣,高潮迭起,各个环节的衔接自然流畅。	
	他评2	首先,知识容量非常大。从麦哲伦的环球航行到福岛的废水排放,甚至还有网络上的海盗现象,都激发了学生们的兴趣,期待着下一个情境和任务的到来。其次,时空尺度广阔,无论是从身边的舟山到太平洋,还是远洋的西非,涵盖了过去500年到4000天时,既有理性分析也有到感性体验,整个学习空间在小小的课堂中得以无限延伸。再次,教学方式灵活多样。例如,要求学生"判断日本宫崎、中国上海和美国圣迭戈三个城市4000天后污染物的浓度"以及"比较同纬度西欧沿岸、东亚沿岸、北美东岸、北美西岸四地气温"等问题,强调严谨的表述。最后,教师具有大情怀和大担当。教师关于乡村振兴与农业强国的课程,以及他对家国情怀和人类命运共同体的关注,都在引导学生面对更加复杂的现实世界时,学习合作与探究,并学会认识和欣赏这个世界。	
	他评3	这堂公开课不仅设计立意高、内容丰富,实施更是精彩绝伦,真正做到了教师是学生成长道路上的"引路人"。他高度重视书本内容,展开书本时不直接告诉学生知识在哪里,而是抛出问题,留给学生自己探索;他为学生提供学习工具,却不直接告诉他们怎么使用,让他们自己去研究,在发现中和实践中获得知识。	

教后反思:

一、选题思考

在生态文明建设扎实推进的今天,深入学习生态文明思想,引导学生尊重自然、顺应自然、保护自然,并正确看待人类发展与自然环境的关系,具有不可估量的现实意义。

二、情境线索

本节课是高中地理的经典内容,课标要求为:举例说明洋流对地理环境和人类活动的影响。新教材中用位于北极圈内的摩尔曼斯克是俄罗斯的不冻港、澳大利亚东海岸和秘鲁西海岸景观、太平洋西北部冬季黑潮、纽芬兰渔场的逐渐消失、郑和下西洋等案例和情境进行阐述。

基于对课标和教材的理解,本节课以"海洋与人类的关系"为大概念,系统整合各知识点,对教材内容进行重新编排和结构化处理。围绕近期"洋流视角看洋流影响"这一现实生活话题,选取"日本核污染水排海(洋流与污染)——走向深蓝,选取远洋捕鱼点(洋流与海洋生物)——熟悉捕鱼点境况(洋流与气候)"为情境线索,实现"一境到底",始终激发学生的探究兴趣。通过将现实生活与地理学科进行链接,让学生在真实的情境中加深对人地关系和谐内涵及表现的理解,并能运用整体性原理去分析相关地理现象,帮助学生树立顺应自然、尊重自然、保护自然的观念。

三、挑战性的任务驱动

基于上述情境,本节课设计了多个结构良好的挑战性任务。例如,"假如回到500年前,利用洋流知识帮助哥伦布优化环球航行的航线",此问题没有固定的答案,不仅需要学生考虑洋流分布的因素,还需要考虑人类活动的因素。又如,"探究秘鲁渔场的形成原因和其他三个渔场有何区别",此问题需要让学生调用"行星风系"等相关知识,构建逻辑链并表述形成原因,此过程培养了学生的综合分析能力。再如,"判断日本宫崎、中国上海和美国圣迭戈三个城市4000天后污染物的浓度"与"比较同纬度西欧沿岸、东亚沿岸、北美东岸、北美西岸四地气温",此类问题需要学生运用所学知识综合分析问题。此外,"浏览'船讯网',了解海况,链接书本,从洋流视角发现有趣信息",此任务让学生通过观察、筛选、分析信息,得出结论,培养学生的自主学习能力与创新能力。

四、渗透生态文明思想

本节课通过创设核污染水排海的真实情境,引导学生在解决我国远洋捕鱼问题的过程中,掌握洋流对自然环境的影响。同时,通过"知"海洋→"用"海洋→"爱"海洋的教学设计暗线,引导学生在面对更加复杂的现实世界时,学会合作探究,建构命运共同体,并学会欣赏这个世界。

教学进阶思考:

本节课是高二年级选择性必修1第4单元"主题8海洋水"中"洋流对地理环

境和人类活动的影响"内容。教学基本要求:运用世界洋流分布图,说明世界洋流的分布规律,并举例说明洋流对地理环境和人类活动的影响。掌握水平要求如下:水平1,能够辨析寒暖流、各洋流分布位置,能够说出四大渔场的位置;水平2,能够简单解释洋流的分布规律以及四大渔场形成的原因;水平3,能够解释海-气相互作用的原理,并能够分析厄尔尼诺和拉尼娜现象产生的原因;水平4,能够结合具体案例分析洋流对地理环境的影响,形成尊重海洋、保护海洋的意识。

如果按照一般的教学逻辑,逐一讲解洋流对海洋污染、航行、海洋生物、沿岸气候的影响,通过"读图——举例——洋流影响"的诠释性学习,虽然有序且循序渐进,学生易于理解,但课堂的挑战性、生成性、激发性和悬疑性会明显弱化,趣味性和成就感也会不足。这样的教学偏重于"知识学习"和"教材内容",难以成为持续学习的动力源,更难以形成面向未来的世界海洋利用开发观。

由此,本节课设置有价值的挑战性任务,成为课堂学习的关键。

课堂教学的挑战性任务既来源于教材指引,又来自社会与生活现实,同时兼顾学生的最近发展区,以现实情境和场景呈现,思考真实问题。以"洋流对海洋航运的影响"为例,如果采用程序式学习,学生虽易于理解,但无法起到激励、激发的效用,也无法形成"联系现实"的学习体验。因而,教师可以设计课堂前奏挑战性任务:"假如我们坐上'时光机'回到500年前,从'洋流形成和分布规律'视角,优化一下'麦哲伦环球航线'路径,简略说一下理由。"学生以主人翁的角度应用"洋流分布规律及其洋流流向"优化、规划500年前的路线,任务具有一定挑战性和不确定性。从课堂反应来看,每组学生都能绘制"基于洋流分布规律的新环球航线",但总体显得比较"粗糙",思维也较为单一,仅从洋流流向着手。例如,有学生提出"逆麦哲伦原航线"航行,以充分利用西风漂流顺风顺行,但忽略了西风带——风暴洋的恶劣环境、物资补给难度以及长度航行的"精神疲惫"。尽管任务解决得不够完善,但由于隐含地理知识的场景应用和对学生运用知识的智慧挑战,学生更愿意参与并给出自己的答案。

挑战性任务的特征主要有三点。一是非常性,从特殊视角切入,与一般认识不同,具是冲突性任务。例如,本节课的挑战性任务一:研究人员选取日本宫崎、中国上海和美国圣迭戈这三个沿海城市进行对比,预测4000天后污染物浓度排序(严重程度大到小)。是否离福岛越近的地方核污水污染越严重?通常以为"离污染源距离越近的海域,污染会更严重一些",但"洋流流向"打破了这一常规,离"污染源"远的海域可能先受污染,引领学生形成"非常规"思考与分析能力。二是创新性,传统教学常局限于世界四大渔场,探讨洋流对渔场分布的影响,这看似没有问题,但学生缺乏新鲜感、生活关联和社会使命感。为此,本节课设计任务"寻找渔场:既然有四大渔场,为何西非沿海海域成为我国远洋捕捞量最大的海域?"结合《中国的远洋渔业发展》白皮书,学生查询资料,分析"西非沿海海域渔场的形成以及远洋捕捞的影响因子",将自然与人文结合,形成比较全面的"远洋捕捞"认识。引领学生自主学习远洋捕捞作业的类型以及近几年我国远洋捕捞发展,并提出了"IUU"("I"——非法捕捞行为,"U"——未报告捕捞活动,"U"——不受管制捕捞活动)概念,增强学生"为国谋划"的社会使命感。三是情境性,真实的情境往往具有"完成任务的真实感",并提升地理学科知识的魅力。例如,本节课基于生活视角提供"船讯网"平台,学生自主搜寻"相关海况和海运的主题知识",形成个性化分析。"船讯网"实时更新世界各主要海区海况和航运情况,在这样一个真实场景中,调取"有用的相关信息",考验学生的信息选择素养,进而验证之前的"洋流知识"学习,进一步了解海况的复杂性,从而对"洋流影响人类生产生活"的认知有质的飞跃。现实生活中,"互联网+"为人类提供了海量的动态资讯。课堂上提供"互联网+"资源,开展自主学习,既是现实需要,又是真实的学习体验。同时,与信息科技互联,也是数字时代课堂教学的追求。

在最初设计这堂课的时候,遇到了四大挑战。一是如何设计"一个情境"贯穿课堂始终。这是课堂教学的"灵魂",设计一个既能贯穿课堂又兼具学科知识应用和社会价值的现实情境具有难度。本节课以"海洋污染、远洋捕捞"为真实情境,通过"知海""用海""爱海"逻辑线,展开洋流、海况及远洋渔业工作场所选择等知识学习,同时赋予学习更多的意义和责任。二是如何设计挑战性任务激活课堂、激发学生学习。挑战性任务是学习的"灯塔",也是学习的脚手架与阶梯。本节课设计的任务如"再绘环球航线""四大渔场为何不是我国开展远洋捕捞的重点海域""我为远洋捕捞献一策"等,均需学生深入思考,而非通过简单阅读即可解决。三是如何利用"互联网+"呈现现代课堂样态。本节课借助"船讯网"这一综合软件,利用"动态"资讯开展学习,生成性丰富,任务指向明确,使学习更具有效度。四是如何将海洋知识学习升格为海洋生态文明与海洋命运共同体思想。海洋是大自然的一个系统,关乎人类未来的发展,它又是一个"世界大粮仓",保护海洋就是开创人类更加美好未来的可能性。本节课从"关注海洋污染"到"远洋捕捞规则意识"再到"人与海的共生共存共建",围绕"人与自然和谐共生"展开,最后达成"爱海"的目标。

地理组通信描述这堂课:该教师的"洋流对地理环境和人类活动的影响"一课,以麦哲伦环球航行探索海洋作为导入,激发了学生的探究欲,接着以"春江潮水连海平,海上明月共潮生"作为承转,在海洋污染探究中了解洋流对北太平洋渔场的影响,在寻找渔场中探究洋流对海洋生物分布的影响,在远洋捕捞中探究了海洋对沿岸气候的影响。整节课明暗线结合,"远洋捕捞"情境贯穿始终,通过巧妙创设的"距离污染源近的海洋就一定会比远的地方污染更严重吗""为何我国远洋捕捞最大区域不在四大渔场海区"等冲突性问题将课堂氛围推向了高潮。同时,借助"船讯网"助力学生自主搜寻"洋流视域下的信息获取"的课堂实践,为课堂注入了现代元素与科技元素,而且聚焦了未来公民素养的培育。整节课在"知海"中通过图文资料引导学生分析洋流对地理环境和人类活动的影响,在"用海"中结合渔场和污染物等知识启发学生如何合理利用海洋,最终达成"爱海"的教学目标,从而树立了人地和谐的思想观。教师以博学的知识、丰富的经验和独特的视角,呈现了一堂集深度、广度、人文情怀和高度育人价值于一体的展示课,在浓厚的实践与思考氛围中创造性地解决了挑战性学习任务。

市教研员的观察:当教学有了理念和立意,课堂教学就能传递出情怀。例如,"洋流对地理环境和人类活动的影响"一课,采用了逆向教学的设计理念,强调以清晰的学习目标为起点,教学评估与活动都围绕目标展开,促进目标的实现。以学定教,以评促教,促进学生深度学习。本节课以"核污染水排海、寻找远洋捕捞合适海域"为真实情境,引导学生解决我国远洋捕鱼遇到的种种问题,通过"知海""用海""爱海"的教学设计暗线,引导学生在面对复杂的现实世界中建构海洋命运共同观念。课堂不仅充满教育教学的情怀,还充满了育人的情怀,并且流淌在教学的各个环节中。

本节课展示了如何使教学实施更好地服务于教学设计。教师备课充分,对教学内容有深刻共鸣,并将这种共鸣带入课堂。教学实施开放,积极使用信息技术,语言风格、提问时机和教学材料呈现顺序巧妙。

因此,虽然教学设计很重要,但实施策略同样关键。即使是平常的课堂也应追求高效的实施。

这堂课将生活地理和实践力培养相结合,探讨了生活地理的实践力培养,并且展现了三个原则:

1. 真的教学要有理念、有立意。有理念、有立意,才有教育情怀,才能走得更远。

2. 内容是王道。高立意、高要求传达诉求,只有有内容需求才会选择各种教学手段(如案例教学、信息化教学等)。

3. 教学追求的是设计与实施平衡的艺术。光有设计不够,实施同样重要,内容、情怀、表达和共鸣缺一不可。

"春江潮水连海平,海上明月共潮生",课堂教学与时代共舞、与学生互动、与学科互链,探索"双新"背景下的课堂新样态,正在路上。

第六节 数据驱动精准教研 问题导向 深度对话——高中物理学科

课堂教学的本质是对话,其深入展开总是伴随着师生言语对话的推进。言语素材是听评课教研的重要内容和证据。在学科教学中,师生课堂言语对话的主题是学科问题的提出、探讨和解决。因此,分析教学言语内容所指向的问题类型及其分布特征,是提高听评课教研精准性的有效途径。然而,在依赖纸笔记录的传统听评课中,对师生言语所承载问题的分析常常出现重视"点"而忽略"面"、重视"形"而忽略"神"的偏颇现象。随着"课堂人工智能分析平台"的推出,利用课堂言语数据全貌实施精准评课,从而优化问题设计、导向课堂深度对话,不仅是可能的,更是迫切需要实践的。

一、分析"五何"问题,确定评课维度

课堂师生对话的核心是以言语形式解决问题。只有能够激活学生内在动机、促进学生认知建构的对话问题,才能成为课堂教学中的"真问题"。为此,分析课堂师生言语内容所蕴含的问题解决进阶,需要对教学问题进行分类标识。为了便于人工智能对课堂言语信息的精准挖掘和类型分析,我们按照"是何""为何""如何""若何""由何"等"五何"问题分类方法,作为课堂诊断的评价维度。

"是何"是一些有关事实内容的问题,旨在再现知识。"为何"是一些有关目的、理由的问题,旨在解释事物间的相互关系。"如何"是一些有关方法、途径与状态的问题,旨在通过经历获得经验。"若何"是一些有关情境条件变化的问题,旨在提供思维迁移的机会。"由何"是一些有关条件、来历、起因的问题,旨在确定问题性质及其解决方式。

实际上,"五何"问题分类方法与修改版的布鲁姆目标分类法较为契合,如下表所示,其应用目的不在于穷尽学科教学的问题内容,而在于为课堂言语的分析实践提供可操作的评课教研思路。"是何"问题对应的认知过程为记忆或回忆;"为何"问题对应的认知过程为理解;"如何"问题对应的认知过程主要为应用和分析;"若何"问

题对应的认知过程主要为评价和创造;"由何"问题属于一种元认知问题。

表 "五何"问题分类与布鲁姆目标分类(修改版)的可能对应关系

知识维度	认知过程维度					
	记忆/回忆	理解	应用	分析	评价	创造
事实性知识	"是何"	"为何"	"如何"		"若何"	
概念性知识						
程序性知识						
元认知知识	"由何"					

二、依据言语数据图谱,驱动评课教研

以"五何"问题的评课视角,借助"课堂人工智能分析平台",就能够快速、便捷地生成课堂言语的多种数据图谱,我们便据此开展了评课教研的尝试。以下是一节高一物理"共点力的平衡"公开课的言语分析情况。

1. "共点力的平衡"课堂"五何"问题预设

"共点力的平衡"是一节物理规律得出和应用的课型。教师将本节课所在单元的大任务设计为"探究引体向上中的力学问题",本节课的子任务为"探究平衡时各力满足的关系"。由此,确定本节课的教学目标如下:

物理观念:知道共点力的平衡状态;掌握共点力的平衡条件。

科学思维:能对实际物体抽象建模后进行受力分析;能归纳和演绎共点力的平衡条件。

科学探究:能根据实验器材设计实验方案;能根据实验数据得出合理结论。

科学态度与责任:在科学推理、实验验证中形成正确的科学观;在真实情境分析中了解科学、技术与社会的关系。

由此可以看出,本节课堂对话言语中的"是何"主要围绕"什么是共点力""什么是平衡状态""实验器材是什么"展开;"为何"主要围绕重演物理规律得出的实验设计方法、归纳和演绎思维过程展开;"如何"主要围绕实验数据分析、平衡条件得出和直接应用展开;"若何"是从新情境下真实问题的解决展开;"由何"是从问题解决策略和学生自我认识方面展开。因此,从基于课程标准的教学预设来看,这节课的"五何"问题分布应该是一种较为均衡的结构类型。

将"共点力的平衡"这节课的录像视频导入"课堂人工智能分析平台",并确认

课堂每一句言语的问题分类标签后,平台自动生成的数据图谱主要包括"高频词分析""'五何'问题分布分析""课堂结构分析"三项内容。

2. "共点力的平衡"课堂高频词分析

通过课堂言语的高频词分析,可以观察课堂对话的整体面貌。由图5-21可以看出,与教学预设问题相应的"力""研究"等词成为高频词,反映了基于物理学科素养目标的课堂对话要求。然而,与课题密切相关的"平衡"一词没有成为关键高频词,这反映了对核心概念的规范表述不够;还有"话"一词频次较高,说明课堂言语中存在口头禅现象。

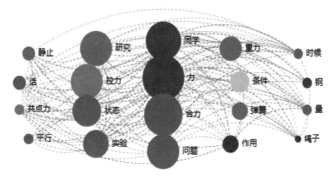

力(73)　合力(47)　同学(27)　问题(24)　研究(24)　拉力(24)　状态(20)　实验(19)
重力(17)　条件(16)　弹簧(14)　作用(14)　静止(12)　话(12)　共点力(11)　平行(11)
时候(11)　钢(11)　量(11)　绳子(10)

图5-21　"共点力的平衡"课堂高频词及其关系图

3. "共点力的平衡"课堂"五何"问题分布分析

图5-22中列出了由平台自动生成的"共点力的平衡"课堂"五何"问题分布雷达图。由图可以看出:教师的言语问题类型基本符合教学设计预期,但学生的言语问题类型较为偏颇,其一是问题数量偏少,其二是对应高阶思维的"若何"问题类型缺乏,说明学生的创造力没有被有效激发或没有通过言语表现出来。

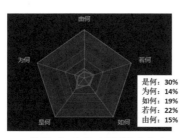
(a) 教师"五何"问题雷达分布

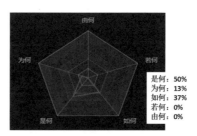
(b) 学生"五何"问题雷达分布

图5-22　"共点力的平衡"课堂"五何"问题分布雷达图

4. "共点力的平衡"课堂结构分析

根据量化师生课堂行为的 S-T 分析法,平台生成的本节课师生语言动态对比图如图 5 - 23 所示。从图中可以看出,虽然课堂上学生有较为宽裕的时间进行实验探究活动,但参与课堂语言对话如实验交流等的时间偏少。结合"五何"问题分布,可以推测学生预习效果欠缺或学习任务设计偏难,这与教学实际是一致的。图(3)中平台生成的 Rt-Ch 图也显示,教师行为占有率 Rt 偏高、师生行为转换率 Ch 偏低,需要调整课堂问题设计,朝着深度对话型课堂改进。

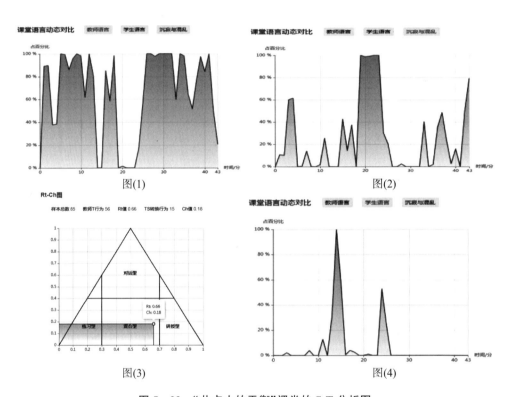

图 5 - 23 "共点力的平衡"课堂的 S-T 分析图

三、数据赋能评课循证,导向深度对话

课堂互动是对话型教学的重要体现,是培养学生高阶思维的重要手段。因此,我们就将不同课型下着眼"五何"问题分布的课堂互动数据作为评课循证的主要依据,以此改进教学设计。

我们用学术季中物理组教师的公开课"家庭电路",进行了基于课堂言语数据的评课分析。图 5 - 24 中显示出两次试讲课的 Rt-Ch 图的变化情况,数据点明显移向了混合型。

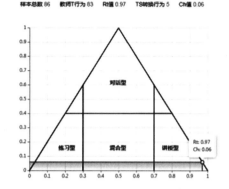 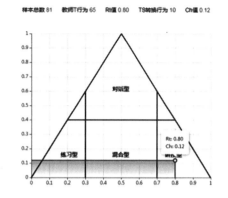

图 5-24 "家庭电路"课堂 Rt-Ch 图对比

对话型课堂,师生之间互动充分;混合型课堂,教师、学生充分参与;练习型课堂,以学生练习活动为主;讲授型课堂,以教师讲授为主。不同的教学目标和教学类型,需要匹配合适的 S-T 课堂行为。"家庭电路"的教学属于物理知识应用类,我们教学研讨的目标是让"五何"问题数据分布趋向高阶思维层,使得课堂类型更加合理。这里 Rt-Ch 图数据的变化,也反映了磨课教研从教师个人设计,到组室听课改进,再到学校领导指导完善的显性作用,即平台统计和分析的直观数据,促进了教师个人和研修团队对精准教研的学习认识和应用探索。

如果说课堂是一个充满生命实践活动的"黑箱",那么智能技术支持的精准教研必然是打开课堂黑箱的新范式,基于言语分析的数据评课也会成为精准教研的底层架构。从以上探索尚浅的课堂"五何"问题分析中,我们已经感受到了数据赋能评课的便捷、全面和真实。如何科学、准确地将评课数据转化为反馈证据,更好促进评课和备课的有机融合,是我们接下来需要进一步探索的关键内容。

附高中物理学科学历案案例:

民立中学高一年级物理学科单元学历案·信息总表

姓名_____ 班级_____ 学号_____ 使用时间_____

	单元名称	单元来源/课时数	单元价值
学习主题	相互作用与力的平衡	必修第一册/8 课时	本单元通过"生活中常见的力—力的合成与分解—平衡的条件"三个部分,帮助学生建立运动和相互作用观,培养物理学科核心素养。

	课标要求	学习水平	学习目标	
学习目标	认识重力、弹力与摩擦力。通过实验,了解胡克定律。知道滑动摩擦和静摩擦现象,能用动摩擦因数计算滑动摩擦力的大小。通过实验,了解力的合成与分解,知道矢量和标量。能用共点力的平衡条件分析生产生活中的问题。	生活中常见的力 B	认识重力。能说出重力产生的原因,能描述重力的大小和方向,会测量重力;能说出重心的概念,知道等效替代方法,能说出规则物体的重心位置。认识弹力。能说出弹力的概念,能说出弹力产生的原因,能分析具体情境中弹力的有无和方向。了解胡克定律。能说出胡克定律的内容,能说出弹簧劲度系数的单位,会用胡克定律计算弹簧弹力的大小。会"探究弹簧弹力与形变量的关系"。能说出实验目的、实验原理和实验器材;会用基本的力学实验器材测量弹力和形变量;能用图像描述实验数据并得出实验结论。认识摩擦力。能列举滑动摩擦和静摩擦现象;能说出滑动摩擦力和静摩擦力的概念,能辨析滑动摩擦力和静摩擦力;能说出摩擦力产生的原因,能分析具体情境中摩擦力的有无和方向;能用动摩擦因数计算滑动摩擦力的大小;了解最大静摩擦力。	
		力的合成 B	了解力的合成。能说出共点力的概念,能说出力的合成的概念,能识别合力和分力,知道合力与分力间是等效替代关系;能说出互成角度的两力的合成遵循平行四边形则,能计算互成角度两力的合力;知道矢量的合成遵循平行四边形定则。会"探究两个互成角度的力的合成规律"。会用力的图示描述力的大小和方向;能说出实验目的和实验器材;会用基本的力学实验器材测量力的大小和方向;会通过作图记录、分析数据,得到实验结论。	
		力的分解 B	了解力的分解。能说出力的分解的概念,知道一个力分解为两个分力遵循平行四边形定则;能计算已知力的分力。	
		共点力的平衡条件 B	能用共点力的平衡条件分析生产生活中的问题。知道物体保持静止或匀速直线运动状态都是处于平衡状态,能说出物体处于平衡状态的条件,能用共点力平衡条件分析简单的实际问题。	

学习活动	大任务(大问题)	学法建议	线上学习导航	线下学习导航
	研究引体向上的受力	观察引体向上的受力情况+体验活动+科学探究+规律应用	各种情境中的引体向上+生活中常见的物理情境视频(14个)+体验实验设计方案(21个)+导学PPT(6个)+章、节测试	相互作用与力的平衡学案8份(1份/课时)+课后练习(1份/课时)+研究性课题

学习评价	参与情况	作业情况	检测情况	个性表现

学习反思	学习感受	作业订正	检测订正	进一步学习设想

其他信息:

民立中学高一年级物理学科单元学历案·课时学习单

姓名＿＿＿＿ 班级＿＿＿＿ 学号＿＿＿＿ 使用时间＿＿＿＿

课题	课题名称		单元名称/第×课时	
	共点力的平衡		相互作用与力的平衡/第1课时	

学习目标	物理观念:知道共点力的平衡状态;掌握共点力的平衡条件。 科学思维:能对实际物体抽象建模后进行受力分析;能归纳和演绎共点力的平衡条件。 科学探究:能根据实验器材设计实验方案;能根据实验数据得出合理结论。 科学态度与责任:在科学推理、实验验证中形成正确的科学观;在真实情境分析中认识到科学、技术与社会的关系。

学习任务	本节是沪科技版高中物理必修1第三章"相互作用与力的平衡"第四节第1课时。本章教学主要对应物理学科核心素养中的运动与相互作用观念,主要包括生活中常见的力、力的矢量运算法则、共点力的平衡条件及其应用等内容。认识重力、弹力、摩擦力等生活中常见的力是对物体进行受力分析的前提,用共点力的平衡条件分析问题是形成运动与相互作用观念的重要载体,本章为后续牛顿运动定律教学进一步揭示力和运动关系打好基础。 　　通过初中物理学习,学生对二力平衡现象和条件较为熟悉,但对于共点力、力矢量运算中的等效替代思想比较生疏,因此,通过对真实场景的物理模型建构,运用实验探究和理论推导两条途径得出共点力的平衡条件是该课时的首要任务,在此基础上再应用平衡条件分析生活、生产中的实际问题。考虑此时学生对三角函数等数学知识还不够熟悉,第1课时以突出物理概念和规律的定性分析为主,将解三角形和正交分解求力等运用数学知识解决物理问题的能力要求放在第2课时。

学习资源	学生实验器材:相同的弹簧3根、三角板1副、木板1块、白纸1张、图钉4枚。 演示实验器材:纸板、细线、磁性挂钩;重锤、电子天平、力传感器(2个)、加速度传感器、数据采集器、计算机、iPad(几何画板软件)、铁架台等。 其他资源:学生实验展示系统、教学楼电梯等。

学习环节		学习内容	备注	学习时长/分钟
课前预习	线上资源	导学PPT、空中课堂视频资料	根据资源自主学习或课后复习	10
	线下资源	课时学历案、完成实验设计的校本资源	根据学习任务小组合作设计实验	10
课中学习	任务一	什么是共点力?什么是平衡状态?	通过体验了解两个概念	5
	任务二	物体在共点力作用下保持平衡的条件是什么?	通过实验探究和理论探究得出平衡条件	20
	任务三	如何应用共点力的平衡条件分析问题?	通过实际问题的分析,激发成就感的同时,提高推理和论证的科学思维水平,透彻理解多力平衡时各力间的关系及其变化情况	15

学习环节		学习内容	备注	学习时长/分钟
课后复习	基础性作业	教材第68页"问题与思考"	通过复习巩固,理解课堂学习内容	10
	探究性作业	1. 如图所示,一重为 G 的学生双手抓住单杠保持静止,两只手臂之间的夹角约为 θ。 (1) 试建立物理模型,估算该学生每只手臂的拉力大小。若两只手臂之间的夹角增大,则手臂的拉力大小将如何变化? (2) 试在查阅资料或请教他人后,说说如何科学地进行引体向上训练。 2. 稻谷不管堆多少,总会形成一个相对固定的圆锥形状,如图所示。找一堆沙子动手做做看,也可用米粒代替沙子进行实验,并分析其中的物理原理。 	两个实际情境的设计意图:一是回归单元大任务;二是作为第2课时进行定量运算的模型基础	20
学习评语	过程评价	学习过程自评和同伴互评		
	成果评价	根据课后作业的完成情况进行评价		

教后反思:

本节课的设计以单元教学视角设计层级学习任务。本节课是本单元大任务"探究引体向上中的力学问题"的子任务"如何求解人受到的各力的大小"的第一部分,需要解决平衡状态是什么、平衡条件是什么和如何应用平衡条件等物理概念、规律和方法的问题,为第2课时具体求解各力做好准备。

以体验式学习方式设计课堂学习活动。对于共点力、平衡状态的概念教学,设计挂纸板的"动手活动",让学生在做中看到"共点力""平衡状态",由此进入平衡条件的探究学习。对于平衡条件的规律教学,设计由"提出猜想",到"说出推导",

再到"做出实验",最后"看出结论"的具身学习过程,也是突破教学难点的基本策略。对于平衡条件应用的方法教学,设计学生熟悉的真实情境,让学生经历"观察""表达""体验""模拟"等多样化的学习体验。

为突出教学重点、聚焦素养目标,本节课对学生实验探究和教师实验演示进行了创新设计:以3根相同的弹簧代替弹簧测力计,完成共点力平衡条件的探究,综合应用了胡克定律这一新教材新增内容,有利于培养学生在新情境中解决问题的能力;在匀速运行的电梯里,演示三力平衡的条件,不仅有助于学生完整地理解平衡状态的概念,同时有助于学生培养周密严谨、质疑创新的科学精神。

本节课作为面向区高一物理教师的公开研讨课,课后很多教师参与了教研活动的评课发言。教师们对于本课中的单元教学理念、体验活动引入、学生实验创新、电梯实验验证和真实问题情境等教学设计及教学效果给予了肯定和赞赏,表示对落实物理学科核心素养的教学实践具有较好的示范作用。

第七节　确定单元目标,关注学习经历,提升语言素养——初中语文学科

教育部印发的《普通高中课程方案和语文等学科课程标准(2017年版2020年修订)》明确提出了语文学科的核心素养。当课程目标由知识本位转向素养本位时,这实际上是对教学提出了更高的学术标准。而与此同时,义务教育"双减"政策落地,这意味着作为教师,我们必须转变教学观念,从学习者的立场出发去设计教学,让教师的"教"更好地为学生的"学"服务,真正促进减"负"增"效"。

单元学历案是教师围绕某一学习单元,从期望"学会什么"出发,设计并展示"学生何以学会"的过程。单元学历案指向的是素养本位的单元设计,关注的是学生的学习经历。下面以初中语文统编版教材六年级下册第七单元学历案设计为例,呈现初中语文青年教师合作小组在这方面的探索与实践。

一、分析教学任务,设定单元目标

单元学历案的设计以确定单元学习目标为起点,从单元导语、教材特点、学情分析三方面确定本单元的学习目标,也就是"学什么"。

以六下第七单元为例,该单元由三篇课文构成。单元导语中对本单元的学习提出了如下要求:初步感受鲁迅的文学成就和精神品格;借助相关资料,理解课文的主要内容;抓住文中的精彩语句,揣摩诗文的丰富内涵。

单元导语提示了本单元在课标体系中的地位和价值,对本单元的学习具有统领作用。但同时它又是抽象的,因此只有挖掘出每篇文本的独特教学价值,并结合学生的实际学情,才能把抽象的单元导语化为具体的学习目标。

本单元的三篇课文虽然文体各不相同,语言风格也有较大差异,但都体现了鲁迅先生的精神境界和人格魅力,语言内涵丰富而深刻。通过探究三篇课文的共性,我们还发现每篇文章都由多部分内容(材料)构成,需要关注各部分内容间的内在关联。这一点虽然在单元导语中没有明确呈现,但是对学生语文整体阅读能力的建构非常重要。

在分析教材的基础上,我们还需要关注学生学情。预备年级的学生能够提取简单直接的信息,但其思维往往停留在浅层思维和直觉思维层面,缺乏整合信息的能力和有效阅读的技能。

根据对教材和学情的分析,我们确定本单元的学习目标为:根据需要查找相关资料,理解课文的主要内容;分析文章各部分内容(材料)间的关系,梳理行文思路;通过反复朗读和默读,品析精彩语句的表达效果和寻常词句的深刻内涵;初步理解鲁迅的形象气质,初步理解其精神境界。

根据学情,教师将单元导语中的"初步感受鲁迅的文学成就和精神品格"一条,调整为"初步理解鲁迅的形象气质,初步理解其精神境界"。根据教材特点,新增"分析文章各部分内容(材料)间的关系,梳理行文思路"的学习要求。同时优化学习目标的行为动词,采用"理解""分析""梳理""品析"等可操作、可检测的表达方式。

学历案的使用者是学生,他们可以在本单元学习之初就对单元的学习目标、课时安排有一个明确的认知,这样可以为整个单元的学习奠定良好的基础,让学生从一开始就带着具体的目的去学习,有助于提高学习的效率。

二、关注学习经历,落实单元目标

单元学历案关注学生达到学习目标的途径,也就是"学生何以学会"的过程。因此,单元学历案的编制重点在于为学生创设必要且有效的学习经历,这些经历有助于学习经验的积累,最终促使学生语言素养的提升。

1. 从概念性知识走向程序性知识

由知识本位转向素养本位,我们就需要减少对概念性知识的重复训练,而转向对程序性知识的建构,从而促进深度学习的发生。

阅读策略就是一种程序性知识,是指聚焦特定的阅读目标,经过慎重思考而采取的某种方法。在具体的阅读中,阅读策略可以表征为由核心问题和下位问题构成的一系列有逻辑关联的问题链。

以本单元中《好的故事》一课为例。鲁迅先生通过"现实—回忆—梦境—现实"的叙事结构,表达了在黑暗的现实中不断抗争、追寻心中美好世界的强烈愿望。由此,设定了本篇课文的阅读策略。首先明确阅读这篇课文的核心问题:作者想表达怎样的思想感情。要回答这个问题,需要分步思考:1. 在文中作者写了哪几部分内容?请分别对这几部分做一简要概括。2. "回忆"和"梦境"中分别描写了哪些景物?这些景物有何特点?3. 这两部分中的景物及其特点有哪些异同?分别表达了叙述者怎样的情感?4. 开头结尾的"现实"部分又描写了怎样的现实背景?与"梦境"部分有怎样的内在联系?5. 为何在梦醒后还要再次回到"现实"描写?如果仅表达对"美好世界"的向往,写到"梦境"即可结束,"梦醒"后的"现实"描写还传递了哪些深层含义?

思考源于问题。阅读策略中的"问题链",就是要梳理问题提出和解决的顺序,即先解决哪一个问题,再解决哪一个问题,关注问题之间的逻辑关联,形成知识的"结构化",这就是一种程序性知识。它使语文学习不再是碎片化和机械式,体现了随着问题深入而思维不断深化的过程。

《我的伯父鲁迅先生》和《有的人——纪念鲁迅有感》两篇课文,结合课文内容的个性,同样可以设定它们的阅读策略。

《我的伯父鲁迅先生》阅读策略的核心问题:我的伯父鲁迅先生是一个怎样的人?作者对他怀有怎样的情感?需要分步思考:1. 课文的段落以空行为标志,作者回忆了哪些事情?2. 圈画文中描写伯父鲁迅先生的语句,分析鲁迅先生是一个怎样的人?表达了"我"怎样的感情?3. 课文所写的这些事情之间有怎样的关系?3.1 "我"回忆的与伯父相关的事情之间有怎样的关系?尝试用"无论……都……""虽然……但是……""因为……所以……"来表示。3.2 课文第 1 段和后文又有怎样的关系?尝试用"因为……不仅……而且……所以……"来表示。4. 圈画文中抒情议论的句子,说明作者对伯父鲁迅先生有怎样的情感?

《有的人——纪念鲁迅有感》阅读策略(自读课)的核心问题:作者写这篇文章想

表达怎样的思想感情？通过学习活动帮助思考：1. "贴一贴,理内容",将整首诗歌拼贴完整,并说明理由。2. "填一填,找关系",尝试用关联词连缀诗歌2、3、4节,并说明理由。3. "写一写,知鲁迅",仿照诗歌第2节的语言形式,再创作一节诗歌。

2. 从"一篇"走向"一类"

单元教学的意义和价值就在于,在一篇篇课文的教学过程中,有意识地程序化其共同的思考过程,抽象出共通的思考方法,并逐渐内化为学生的思维能力,从而提高语言素养。

在这个单元中,虽然三篇课文文体各不相同,语言风格也大相径庭,但它们都由多个部分内容(材料)构成,部分与部分之间存在着递进、因果、转折等复杂关系。梳理作者思想情感的脉络,是该单元课文的共同学习要求。

反观学情,还处于直觉思维的预备年级学生,习惯于散点式思考和局部阅读,难以将部分之间关联起来,缺乏前后关联的意识和整体阅读的能力。于是我们在单课阅读策略的基础上,提炼出以下共性的阅读策略：(1) 概括文中各部分内容；(2) 推断每部分内容中隐含的作者的思想感情；(3) 分析部分之间的关系,梳理作者思想情感的脉络。

在单元学历案中,每课结束时都会安排"回顾本课学习路径"。回家作业精选4~5题复现这条路径,题量适中,总用时控制在30分钟以内,额外提供10分钟左右的选做题供学有余力的学生挑战。最后,安排一节课用作复习,关注三篇课文的共性,和学生一起归纳提炼出三者的共同阅读策略,最后学历案中配以同样使用该策略的课外练习用作评价检测。

六年级下册第七单元的教学任务,主要是让学生建立起前后关联、整体阅读的意识,分析各部分内容间的关系,梳理作者思想情感变化的脉络。这一条阅读策略会在七、八、九年级的许多课文中不断复现并得到细化。

从"课时"到"课文"再到"单元"的学历案设计,避免"知识碎片化、体验浅显化、学习点状化"的问题,加强教学的整体性和系统性。如果我们能够这样坚持下去,打通各个文本阅读的思考方法,在关注每一篇文章个性的同时,提炼出它们共性的阅读策略,类化某一类文本阅读的路径,那么我们的学生通过四年的初中学习,就能掌握系统的阅读技能,并逐渐内化为他们自己的思考方法,从而提升思维能力和语言素养。

单元学历案的设计是通过一些引导使学生构建起知识体系,深入学习过程,自觉地去思考,而不是被动地学习。

附初中语文学历案案例：

民立中学初一年级语文学科单元学历案·信息总表

姓名_____ 班级_____ 学号_____ 使用时间_____

<table>
<tr><td rowspan="2">学习主题</td><td>单元名称</td><td>单元来源/课时数</td><td>单元价值</td></tr>
<tr><td>第一单元阅读</td><td>统编版七年级上册/9课时</td><td>1. 通过朗读训练与情景想象,引导学生感受文本描绘的自然之美与人文之美,培养初步的文学审美能力。
2. 聚集汉语语音特质,通过重音与停连的技巧训练,帮助学生体会汉语独特的韵律美和节奏美。
3. 通过修辞手法的品析与语言特色的揣摩,培养学生细腻的语言感知力,提升文学鉴赏水平。</td></tr>
<tr><td rowspan="12">学习目标</td><td>课标要求</td><td>学习水平</td><td colspan="2">学习目标</td></tr>
<tr><td rowspan="11">1. 能用普通话正确、流利、有感情地朗读;
2. 在阅读中了解叙述、描写、抒情、议论等表达方式;
3. 随文学习基本的词汇、语法知识,用来帮助理解课文中的语言难点;
4. 了解常用的修辞方法,体会它们在课文中的表达效果</td><td>第1课《春》</td><td colspan="2">朗读课文,注意重音和停连,感受景物描写及其特点。揣摩和品味优美的语言,体会比喻和拟人等修辞手法的表达效果</td></tr>
<tr><td>第1课《春》</td><td colspan="2">感受景物描写及其特点,领略朱自清笔下的春景之新、美、健的特点,体会作者对于春天愈发深切的喜爱之情</td></tr>
<tr><td>第2课《济南的冬天》</td><td colspan="2">朗读课文,注意重音和停连,感知景物描写及其特点</td></tr>
<tr><td>第2课《济南的冬天》</td><td colspan="2">揣摩和品味优美的语言,体会比喻和拟人等修辞手法的表达效果</td></tr>
<tr><td>第2课《济南的冬天》</td><td colspan="2">体会老舍对冬日济南的喜爱之情</td></tr>
<tr><td>*第3课《雨的四季》</td><td colspan="2">朗读课文,感受四季的雨的灵动之美,理解作者对于四季的雨的热爱之情</td></tr>
<tr><td>第4课《古代诗歌四首》</td><td rowspan="2">捕捉诗歌中的景物描写,体会景物描写的特征,感受作者的思想感情。朗读诗歌,读准字音,注意停连</td><td>感受作者在《观沧海》中包举宇内、一统天下的豪情壮志;
感受作者在《闻王昌龄左迁龙标遥有此寄》中对被贬友人的痛惜与思念之情</td></tr>
<tr><td>第4课《古代诗歌四首》</td><td>感受《次北固山下》中作者对富有生机的美景的赞叹、对时光流逝的感慨和对故土的思念之情;
感受《天净沙·秋思》中所表达的游子愁苦与浓烈的思乡之情</td></tr>
<tr><td>热爱写作,学会观察</td><td colspan="2">阅读写作指导材料,学习积累素材,对个别场景进行人物或景物描写</td></tr>
</table>

学习活动	大任务（大问题）	学法建议	线上学习导航	线下学习导航
	诗文表达了作者怎样的思想感情？	朗读法、读写结合法、合作探究法	课文朗读视频	学习单
学习评价	参与情况	作业情况	检测情况	个性表现
学习反思	学习感受	作业订正	检测订正	进一步学习设想

民立中学初一年级语文学科单元学历案·课时学习单

姓名＿＿＿＿＿ 班级＿＿＿＿＿ 学号＿＿＿＿＿ 使用时间＿＿＿＿＿

课题	课题名称		单元名称/第×课时	
	第1课《春》		第一单元第1课时	
学习目标	朗读课文,注意重音和停连,感受景物描写及其特点。揣摩和品味优美的语言,体会比喻和拟人等修辞手法的表达效果			
评价任务	自主阅读并分析单元导语内容; 根据标题,提出核心问题,并整理相关的问题; 梳理文脉,把握每段中春天景物的特点,感受作者寄托的情感。			
学习环节		学习内容	学习时长/分钟	备注
课前预习	线上资源	观看朗读视频,进行朗读	10	
	线下资源	教材文本、练习册	10	
课中学习	任务一	通过向文章提问的方式,提出、整理问题	5	
	任务二	初步梳理文脉,把握每段中春天景物的特点	25	
课后复习	自主活动	根据课上学到的方法,预习课文第5、6段:分析文中景物描写的作用	15	
	作业题1	根据课文内容填写叠词(练习册第1题)	2	
	作业题2	下列句子中加点词语的感情色彩与例句相同的一项是( )(练习册第2题)	1	
	作业题3	根据提示缩写下面的句子,比较缩写句与原句表达效果的不同(练习册第4题)	2	
	作业题4	抄写词语	15	
学习评语	自评			
	他评			

第八节 基于学历案的挑战性任务的学习活动设计与实施——高中生物学学科

上海市静安区龙头课题"激活学生创造力:发达城区深度变革的实践性循证研究"聚焦在课堂教学中如何激活学生的"内化"过程。在区域教研中,我们采用了"学习活动"的形式进行探索。前期研究中,我校主要负责的是"生物与进化"单元的学习活动设计,并且已经在课堂中完成了一轮实践。在实践过程中,我们发现了一些问题:如何通过真实情境有效调动和提升学生思维;如何指导学生分析跨学科知识背景的问题;如何引导学生迁移所学知识去解决新情境、新问题;如何在课堂以及课后通过学习活动激活学生的创造力;等等。面对这些困难,我们教研组将设计挑战性学习任务作为帮助学生发展核心素养以及激活学生创造力的重要策略和实践途径。本次教研也围绕基于挑战性任务的学习活动设计展开研讨。

那么,什么是挑战性任务?对于教师来说,挑战性任务的设计关注情境的真实性、问题的开放性、任务的挑战性、路径的多样性以及评价的过程性。具体来说,挑战性任务应该突破学生学习的舒适区,在真实的情境下,学生需要充分调动已学知识,综合运用几种知识和技能去解答。此外,还应该强调学生探究的具身体会,鼓励学生参与设计、实践和评价全过程。最重要的是,挑战性任务的设计应该呈现一定的结构化,在较宏观的单元任务设计框架下,在学生能力和素养培养上层层递进的任务更有利于学生结构化思维的形成,将知识层面的理解向素养转化。我们不难发现,这对于教师来说也非常具有挑战性。

一、挑战性任务应具有"难度"

生物学学科中的挑战性任务设计出现简单化、随意化现象,难以发挥基于挑战性任务对学生核心素养提升的作用。在课堂中,挑战性任务对学生应该是有一定难度的,但也并非单纯拔高难度的问题,而是在分析学生学情的基础上,结合教材逻辑,重构单元教学内容,将学习内容与驱动型任务有机结合起来。例如关于"生物的进化"的复习课,对学生的要求是"温故知新",因此课堂中所采用的一项挑战性任务是让学生使用关键词卡片、箭头和文字,运用所学知识有逻辑地、清晰地阐述生物进化过程。在活动过程中,学生小组合作给出方案,组间互评,教师补充、总结,通过这样有层次性的任务,让学生自己梳理清晰脉络并表达出来,理清三大遗传规律各自之间的联系以及价值。对学生来说,打破课堂长期以来的"能听不能说"的困境,提升学生的科学思维。对教师来说,通过这样的学习活动,教导学生构建生物进化模型来解决物种形成、灭绝及适应性等进化问题,不仅能帮助学生掌握论述题模型构建的一般方法,更能引导他们发现和总结这类问题的普遍规律。

二、挑战性任务应具有"广度"

生物学学科的挑战性任务不仅在课堂中有所体现,在课后问题的设计上,同样可以通过选择素材、改造素材成为另一种能打开学生眼界的挑战性任务。例如在某些综合的情境案例中,当涉及细胞呼吸和光合作用产生 ATP 的本质时,学生若能够将在呼吸作用中形成的理解迁移应用于解释光合作用,这一知识迁移的过程本身就体现了学生的创造性思维能力。我们认为,新命题是激发陈述性知识提取和迁移发展的关键载体。相对于学生熟悉的命题,新命题具有三个显著特征:问题呈现方式新、问题情境新、问题视角新,同时保持内容要素相对稳定。这种特征有利于学生在已有知识结构中定位并提取相关知识。只有当学生将所学知识有效迁移到新命题中解决"是什么""为什么"的问题时,才能真正体现运用知识的本质,进而在迁移场景中实现知识运用能力的培养,并从不同视角认识该概念的内涵,实现知识深刻理解、运用能力发展的教学目的。因此,在综合情境中,对问题的改造是目前亟需研究和探讨的问题。学生在对新材料进行研究时,也学习了科学论述的过程。此外,对于生物学学科来说,其发展很大程度上也是得益于物理、化学、数学、地理等学科的发展,因此一些生物学问题是需要运用到跨学科的内容的,例如神经调节过程中信息的转换及传递相关内容,此外还有物质成分鉴定、用数学方法描述种群数量变动规律等,都涉及多学科的知识内容。教师在课堂中,甚至引用了古诗词,通过郑燮的《竹石》探讨自然界的植物为何茎总是向上生长,而根则是向下生长的问题,从而引出重力对植物的影响;通过王祯的《农书》中提问韭黄的由来,引出光照对植物的影响……这些素材拓展了学生的视野和思考问题的方式,让学生在面临较复杂、较综合的情境时,明白如何解构、分析信息。教师在设计挑战性任务时,可以借助此类跨学科知识、真实的情境或案例打开学生思维的宽度,在对学生的过程性评价中,也可以借助该类题目去激发学生思维,主动将所学知识结构化,迁移运用到解题中来。

三、挑战性任务应具有"深度"

挑战性任务既可以是课堂内的实践活动,也可以是具有启发性的课后延伸任务。例如,蛋白质含量测定以及标准曲线绘制作为一项经典教学实验,本身就具有思考的挑战性特征,既需要学生具有跨学科知识储备,又要求掌握精密操作和曲线绘制等专业技能。在实际操作中,学生果然遇到了很多困难,但是授课教师很好地利用了所遇到的问题,引导学生利用科学研究的一般方法继续探究,重复实验、分析总结。通过这一过程,学生不仅解决了课堂操作中遇到的问题,更将实验结果运用于解决生活中实际问题,如测量食品中的蛋白质含量,分析检测结果并提出改进方案。这不仅是学生科学探究能力的一次提升,更是一次深刻的社会责任经历。

无论是在课堂教学、新情境题目研究还是实验探究中,我们都在努力以挑战性任务为抓手,促进课堂"真学习"的发生,从而激活学生的创造力以及学生核心素养的内化。在"双新"背景下,如何将学习的新理念落实于课堂,是我们今后教研活动一直需要思考和讨论的问题。同时,作为生物学教师来说,我们要勇于突破自我发展障碍,发挥组室力量,实现个体学习与集体学习有机结合,切实做好每节课基于学情的教学设计。在挑战性任务实施过程中,我们依旧有很多认识上的不足,在接下来的教研活动中,我们将继续围绕该话题,就"形成性评价""迁移性运用""课堂活动的形式"等展开讨论与研究。

附生物学学科学历案案例:

民立中学高二年级生物学科单元学历案·信息总表

姓名＿＿＿＿＿＿　班级＿＿＿＿＿＿　学号＿＿＿＿＿＿　使用时间＿＿＿＿＿＿

	单元名称	单元来源/课时数	单元价值
学习主题	生物的进化	必修2/6课时	运用化石证据等各项研究资料,通过事实和现代生物学知识,论述当今生物来自共同的祖先,讨论达尔文自然选择学说对生物进化原因和适应性形成的解释。讨论进化理论的发展,举例说明种群、基因频率的概念,探讨耐药菌出现与抗生素滥用的关系,说明现存生物适应性的成因。阐述变异、选择和隔离可导致新物种的形成。

	课标要求	学习水平		学习目标
学习目标	1. 地球上的现存物种丰富多样,它们来自共同的祖先; 2. 适应是自然选择的结果	多种证据表明生物具有共同祖先	1	尝试通过化石记录、比较解剖学和胚胎学等事实和知识,说明当今生物具有共同的祖先;尝试通过细胞生物学和分子生物学等知识,说明当今生物在新陈代谢、DNA 的结构与功能等方面具有许多共同特征
		现代进化理论	4	举例说明种群内的某些可遗传变异将赋予个体在特定环境中的生存和繁殖优势;阐明具有优势性状的个体在种群中所占比例将会增加;说明自然选择促进生物更好地适应特定的生存环境;概述现代生物进化理论以自然选择学说为核心,为地球上的生命进化史提供了科学的解释
		新物种的形成	2	阐述变异、选择和隔离可导致新物种形成

	大任务(大问题)	学法建议	线上学习导航	线下学习导航
学习活动	生物适应环境模型构建	讲授法、讨论法、任务驱动法	导学 PPT	单元练习

	参与情况	作业情况	检测情况	个性表现
学习评价				

	学习感受	作业订正	检测订正	进一步学习设想
学习反思				

其他信息:

民立中学高二年级生物学学科单元学历案·课时学习单

姓名＿＿＿＿＿＿ 班级＿＿＿＿＿＿ 学号＿＿＿＿＿＿ 使用时间＿＿＿＿＿＿

	课题名称	单元名称/第×课时	备注
课题	生物的进化——雪豹对高寒环境的适应性研究	生物的进化/第 6 课时	
学习目标	1. 通过观看视频,了解雪豹、猎豹的生活环境、形态结构特点、功能,理解当今生物是对自然环境适应的结果,形成结构、功能、环境相统一的生物学观念; 2. 通过挑战性任务,小组分工合作,使用部分关键词卡片,用文字和箭头按照因果逻辑,构建进化模型图示;用正确的科学思维阐明"雪豹的厚皮毛是进化的结果",通过阐明进化现象,提高学生论述能力; 3. 结合资料,通过思考开放性问题,辩证看待远缘杂交的生物学现象,提升学生辩证思维		
学习任务	1. 结合证据说出雪豹和猎豹属于两个物种及判断依据		
	2. 小组分工,利用关键词卡片构建生物进化模型并阐述其进化过程		

学习环节		学习内容	学习时长/分钟	达成度	
课前预习	线上资源	空中课堂视频、导学PPT	30	4	
	线下资源	对课堂内容的进一步延伸,设计课后作业,引导学生课下通过文献检索等方式了解中性理论,并结合自己的理解辩证分析	20	4	
课中学习	任务一	结合多种证据,判断并解释雪豹和猎豹是否为同一物种	10	5	
	任务二	针对"高寒地区的雪豹皮毛非常厚"这一现象,与小组分工合作,选择一种进化理论,使用对应的关键词卡片,用文字和箭头按照因果逻辑生成解释图示,并写出与之对应的文字版论述	25	4	
	任务三	阅读资料,尝试用现代综合进化理论解释"同域物种形成"和"异域物种形成"过程	5	4	
课后复习	自主活动	随着进化理论的不断发展,20世纪60年代,日本科学家木村资生提出了中性学说,也称中性突变的随机漂变理论。他认为大多数分子水平上的突变是中性或近中性的,且生物大分子以一定的速率进化着,与环境的变化和生物世代的长短无关。在众多的中性突变中,哪种变异能流传,哪种趋于消失,完全取决于遗传漂变。课下可搜集相关资料,进一步了解中性进化理论,并分析中性学说是对达尔文自然选择学说的补充还是否定		4	
	作业练习	……			
学习评语	自评	本节课基本达成教学目标,学生可以简述物种进化过程,并运用该知识框架解决其他的进化问题			
	他评	教研员给出了点评,主要有以下几点: 1. 复习课应当站在更高角度,引导学生温故而知新,"温故"是复习已学知识,"知新"是指建立知识间联系,重新认识本章节内容,建立体系,并获得解决同类型问题的方法; 2. 以"达尔文的自然选择学说和现代综合进化理论其实都是自然选择学说"为例,在使用生物学专业术语时需要注意,避免对学生造成误导; 3. 在查阅资料时要注意资料的合理性,并且要勤于思考,找出逻辑漏洞,更好地促进自我提升			

教后反思:本次教学设计是围绕"基于挑战性任务的学习活动设计及实践"主题展开。在教学实践过程中,教师通过真实情境创建,提出核心问题,并针对学生薄弱环节设计具有挑战性的学习任务,在任务中落实核心素养的培育。教师通过

问题链激发学生主动思考,学生通过小组合作方式完成学习活动任务,通过学生互评和教师评价相结合的方式解决问题,最后进行学习成果展示。

本节课设计了三个具有挑战性的学习任务。任务一具有开放性、挑战性的特点,学生可以在对证据进行分类的基础上,结合自己的观点,通过辨析不同的证据是否支持同一物种的说法,达到锻炼他们辩证思维能力的目的。任务二难度较高,学生需要在扎实掌握各种理论的基础上进行关键词因果逻辑排序才能够完成,由于理论示意图是一个开放性的设计,构建答案不固定。因此,学生可以有充分的发挥空间。任务三考查学生利用构建的理论示意图解决新问题的能力。这也是对任务二掌握与否的检验,培养学生开放性思维和创造性解决问题的能力。

经过本节课三个任务的完成,学生的知识整合能力和思维水平都得以显著提升。本节课作为复习课有效帮助学生温故而知新,从而将旧知识架构起来,形成自己独特的体系。而进化与适应观念的建立,更有助于学生迁移解决其他学科以及生活中的许多相似问题。

本节课给教师的启示主要体现在两个方面:一方面需要继续细化每一个环节,针对不同层次学生设计能够多元评价的学习任务,让每个同学都有挑战成功的体验感和成就感,能够学有所得;另一方面要优化课堂时间管理,将每个环节做时间上的规划,讨论多长时间、讲解多长时间,并且对各种情况提前做好预案。最后在课堂参与度上,学生的互动性较差,这可能与本节课以理论为主、复习课难度较高有关,这提示教师今后需要设计更贴合学生学情的学习活动来营造更活跃的学习氛围。

第九节　基于学历案设计学习任务、激发创新思维——高中语文学科

《咬文嚼字》编辑部发布"2023 年十大流行语""质疑××,理解××,成为××"逐渐变成一个造句格式广泛流行。在特定的人生阶段,"质疑、理解、成为"是心智成长、成熟的必经阶段。

创新,是人类生生不息、保持旺盛生命力的源泉。创新人才培养,则是人类保持不竭创造力的自觉行为。创新人才培养不独指对少数天才学生的培养,更指培养每一位学生具有创新思维、创造精神的教育实践,在全社会形成积极进取、创新

创造的氛围,对创新抱有积极肯定的态度。

在此意义上,培养创新人才是教育的重要追求,是基础教育的重要任务。这个任务的实现离不开系统的科学知识的学习。

一、创新人才的品质须从知识学习中培养

创新是发现以前未曾意识到的新关系,或构建出以前未曾有过的新想法、新事物,提供看待、思考和表达世界的新视角、新工具、新方式。新视角、新工具、新方式、新想法、新事物,扩展、深化、改变着人们对世界和自我的理解。

只有真切地理解已有知识(成果)所蕴含的基本问题,明晰它的价值与缺陷,进入它的逻辑和历史脉络,才可能发现突破的方向和着力点。

二、学习什么样的知识,才能拥有创造力

布鲁纳于 20 世纪 50 年代中后期主张学生要掌握学科的基本观念、基本结构。"学到的观念越是基本,则这些观念对新问题的适用性就越宽广。"贫瘠的心灵没有想象力,更不会有创造性。

学生理解学科的基本结构"是运用知识方面的最低要求,这样才有助于学生解决在课程外遇到的问题和事件,或者日后课堂训练中所遇到的问题"。对于学生智力发展和创新能力培养而言,没有扎实的基础,没有对前情的深入理解,就只能是哗众取宠的噱头而非真正推动认识前行的创造。

阅读几篇反映同一主题的文章,分析比较文章的写作手法,创作一篇同样主题的属于自己风格的文章,对阅读材料进行不同的解读;在短时间内完成一项必须多人合作才能完成的复杂任务;等等。在这样的学习活动中,学生以知识为对象和目的,也把知识作为媒介和工具,形成理性思考的能力。

与读死书、死读书不同,能够运用知识于陌生情境,去理解或解决新问题。即融会贯通,建立知识间的普遍联系,知识成为学生可以观察、思考、操作的对象——增强学生从事创造性学习活动的自信心。

三、怎样学习知识,才能拥有创新人才的品质

知识学习的第一要务是实现知识与学生的合体,让知识成为学生这个认识主体的知识。活动是知识与学生这个认识主体结合的唯一途径。那么,学习知识的活动,应该是什么样的活动?可以明确地说,知识学习的活动不是不动脑筋的机械

活动,也不是没有情感投入的肢体活动,而是活动主体的动手、动脑、动心的主动活动。激活创新活力,可以尝试"引导发现",可以把"发现"视作创新,即采用新视角,发现新关系、新规律,调动生成体验,形成了新观念,创造出新事物。

可以采取不同的活动方式:一是辨析、认知知识,养成认识智慧;二是感悟、理解知识所蕴含的人文智慧;三是激活想象,生成体验,养成实践智慧。这三种活动方式或重思维探索,或重感悟反省,或重实践体验,教学要引导学生经历基本的、典型的活动,帮助学生将知识"消化"、转化为成长的"营养",转化为学生创新实践活动所需的创造力、意志力和使命感。

创新不是拍脑袋拍出来的灵感,是深入学术领域脉络中的创见;创新人才不是天生的,也不是神赋的,是在严肃、严谨的科学知识学习中成长起来的。学习有结构的理论知识,以发现的方式去形成学科的基本观念,是创新人才成长最朴实可靠的道路。

如何在课堂上"引导发现",培养学生的创造力?重要的前提是教师要认识到学生的认知过程水平,其中记忆、理解、应用等属于初级的认知加工水平,而分析、评价和创造等则属于高级认知水平(也就是深度学习)。

教师要转变教学观念,多涉及学生的高级认知水平,采用多种策略培养学生的创造性思维,在《创意,是一笔灵魂交易》中作者曾提道:"所有生命都有潜在的创造力。"其实,这句话后面还有一句:"只是创造力往往会因受到各种阻碍而逐渐开始进入沉睡状态"。

创造力需要的是发散性思维。如何才能有更好的发散性思维呢?一个大的原则是:多提开放式问题,少提封闭式问题。教师要通过开放性、探究性情境设计,积极探索基于情境、问题导向的互动式、启发式、探究式、体验式等的课堂教学,助力培养学生的创新思维和实践能力。

例如,创设生成活动:通过引导学生进行"想象""假定""改造""设计""假设""推测"等生成活动,也可以有效地激发学生的创新学习。再如,引导学生讨论:教师可以通过鼓励学生发表新观点、提出新视角,进行综合而支持他们的创新思维。又如,引导学生将注意力聚焦在任务的有趣或个人意义的方面;鼓励学生自我提升、不断投入,必要的时候寻求他人帮助;帮助学生把错误看成是学习过程中必然的组成部分;帮助学生聚焦做的好的方面,及未来如何提高。

当然创造力需要支持和奖赏创造性的环境,我们需要思考的是,在日常教学过程中,有没有将学生的创造力培养放在教学目标中?学生有新想法时,你是如何应对的,会不会支持或奖赏学生的创造力思维或者创造能力? 总之,创造力是可以培养的。

附高中语文学科学历案案例:

民立中学高三年级语文学科单元学历案·信息总表

姓名_____ 班级_____ 学号_____ 使用时间_____

	单元名称	单元来源/课时数	单元价值
学习主题	第三单元 古典诗歌	选择性必修下册/8课时	该单元以"至情至性"为人文主题,精选了从魏晋到明代的六篇散文名作,组合成为"中华传统文化经典研习"学习任务群。这六篇散文有的以情见长,至情至性,感人肺腑,有的以理取胜,理趣盎然,发人深思。这些作品体裁不一、风格各异,呈现了我国古代散文的多样面貌。集中在一个单元研习,在对比中体会,在联系中思考,可以帮助我们更全面地了解古代散文,触摸民族文化血脉,增进我们对中华优秀传统文化的理解。
	课标要求	学习水平	学习目标
学习目标	学习本单元,重在把握课文的思想情感及其承载的文化观念,领会不同作者在审美上的独特追求。要反复诵读,涵泳品味,把握文意;要理解作者如何通过特有的语言形式去抒发情志,形成独特的美感;还要做些梳理和评点,领会章法之妙和细节之美	《陈情表》	探究作者是怎样以孝道贯穿全文,既以情感人,又以理服人的;结合作者身份和文章写作背景,进一步思考作者为何坚持不入朝为官;结合具体字词句,体会文章表达上的委婉与得体
		《项脊轩志》	明确文章的行文思路,梳理文章中的日常琐事,体会作者的真情;分析文章的用语特点,寻找文章中的细节描写
		《兰亭集序》与《归去来兮辞并序》比较阅读	梳理文章的情感脉络和思想内容,结合作者写作意图,归纳总结作者表达的复杂情感;通过意象分析、字词鉴赏等方式比较两位作者笔下的山水田园之景;联系作者生平与时代背景,知人论世,理解两位作者对生命思考的异同;思考两位作者的生命哲思对于自身的启示意义
		《种树郭橐驼传》	明确本文以人物传记的形式阐述深刻寓意的文体特征;体会文章融叙事说理于一体、婉而多讽的写法;把握以举、类比的说理方式;探究文章的现实针对性
		《石钟山记》	明确文章表面上以游踪为线、实际上以"生疑—解疑—明疑"为脉的行文特点;分析文章潇洒随性而自有法度的语言特点;探究文章的写作意图

	大任务（大问题）	学法建议	线上学习导航	线下学习导航
学习活动	本单元的课文是如何从不同方面体现出深厚的文化内涵的? 这些思想内涵在当今社会有什么价值?	设立挑战性任务,引导学生围绕该任务展开探究,拓宽思路,深化思考;通过小组交流、合作探讨、自主探究的方式,启发自身拓展思维	教师提供的导学PPT、辅助性阅读文章等	以学案的形式帮助学生疏通文意,并提供与作者、作品、创作背景有关的资料,供学生阅读;单元大作文和文学短评的落实
	参与情况	作业情况	检测情况	个性表现
学习评价（教师）	全体同学都能参与讨论、学习的过程中	全体同学都能通过学案的形式对课文加以思考	以课堂汇报为学习成果的检测,学生涌现出了不少具有思维深度的表述	部分学生能够充分发挥其他学科的优势,实现学科融合思考,表现出彩
	学习感受	作业订正	检测订正	进一步学习设想
学习反思				
其他信息:				

"至情至性"单元设计：

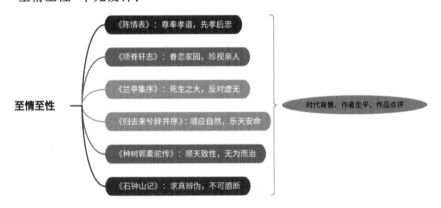

民立中学高三年级语文学科单元学历案·课时学习单

姓名_____ 班级_____ 学号_____ 使用时间_____

课题	课题名称	单元名称/第×课时	备注
	《兰亭集序》与《归去来兮辞并序》比较阅读	第三单元/第5课时	
学习目标	1. 梳理文章的情感脉络和思想内容,结合作者写作意图,归纳总结作者表现的复杂情感; 2. 通过意象分析、字词鉴赏等方式比较两位作者笔下的山水田园之景; 3. 联系作者生平与时代背景,知人论世,理解两位作者对生命思考的异同; 4. 思考两位作者的生命哲思对自身的启示意义		

学习任务		两篇文章均借山水田园之景抒发情感，比较作者从中流露的生命哲思有何差异		
学习环节		学习内容	学习时长/分钟	达成度
课前预习	线上资源	学生课后查阅与时代背景、作者生平有关的资料	30	4
	线下资源	教师通过学案的方式，提供梳理思路的表格及示例，并补充与作者有关的内容	30	5
课中学习	任务一	两位作者描写了怎样的自然山水？引发了怎样的生命哲思？	15	5
	任务二	两位作者为什么会有这样的生命哲思？	20	5
	任务三	两位作者的生命哲思给当下的我们什么启示？	5	4
课后复习	自主活动	事先通过学案梳理文章内容，并自主搜集补充材料	30	4
	作业题1	结合具体语句，梳理文章情脉，归纳作者思想感悟	5	5
	作业题2	结合具体语句，分析两位作者笔下的自然山水	10	5
	作业题3	课下搜集资料，了解当时的时代背景与两位作者的人生经历	30	4
	作业题4	两位作者的生命哲思给当下的我们什么启示？	15	3
学习评语	自评			
	他评			

教后反思：此次公开课，教师选定高中语文选择性必修下册教材第三单元中的《兰亭集序》和《归去来兮辞并序》两篇课文，以比较阅读的形式开展课堂活动。

这两篇课文在体裁上都是古代经典散文，从内容上来说，最能体现该单元"至情至性"的人文主题，课文中蕴含的思想丰富深邃，历来就有多种解读，学生在理解时会有不小的难度，课文本身对学生而言就是具有挑战性的。因此，教师前期通过学案的形式，帮助学生梳理文章的情感脉络，归纳文章的思想内容，并以两文中共同具备的自然景物描写为抓手，引导学生比较两文的异同，同时将写景与抒情议论联系起来。

通过学案大致了解学情后，教师最终确立了本课的核心问题——两篇文章均借山水田园之景抒发情感，比较作者从中流露的生命哲思有何差异。围绕该学习任务，教师设计了三个学习活动：

活动一要求学生紧扣文本本身,比较两文中的自然山水,分析两位作者从自然山水中生发的生命哲思。这一活动考查学生对文本的解读与赏析,较为常规与基础,但却是开展后续活动的前提。

活动二引导学生联系时代背景和作者生平,通过小组合作交流、课堂展示汇报的方式,在分析思想内容成因的同时加深对作者思想的理解。这一活动可以算得上是挑战性任务,也是课堂主活动,学生不仅要知其然,还要知其所以然,由此对于两位作者思想的理解才不会出现"不贴肉"的情况。在实践过程中,学生都能用准确流畅的语言表达自己的感悟,具有一定的思维深度,而且有不少学生课下做了很多的功课,能够综合运用多种学科的知识来予以分析,表现非常出彩。

活动三则以一个开放性问题——两位作者的生命哲思给当下的我们什么启示,来收结整节课,同时照应单元研习任务中的第一个要求,即思考中华优秀传统文化的现实意义。学生由他人联系社会、自身,对于自我生命做出更多的思考,体现语文学科的人文性与教育意义。

总体而言,整堂课节奏松弛有度、内容充实丰富,师生间互动频繁,学生积极主动、落落大方,在回答或是汇报时都涌现出了不少具有思维深度的表述。在前期的磨课、试课与开课的过程中,执教老师也越来越深刻地体会到:要想在课堂中有效激发学生的创造力,在前期准备过程中应该充分了解学情,挑战性任务必须根据学生学习中的疑问来设立;在教学内容上应该多涉及学生的高级认知水平;在教学策略上,多提开放式问题,少提封闭式问题,创设活动,引导学生讨论,发散学生思维,让学生从不同的角度去思考和解决问题,具备一种独立思考、分析和解决问题的批判性思维能力。

第六章

基于学历案的混合
学习设计价值分析

第一节 学历案系统建设促进混合学习

一、学历案系统建设坚持云平台服务功能

架构学历案系统要坚持平台服务能力的理念,研究基于云计算的教育信息化公共服务平台的新功能与特点,以支持学习者的终身学习和自主性、个性化学习。对学校已有各级各类教育的学习网络、学习系统和学习资源进行统一融合,便于学习者通过统一界面访问所需的学习内容。平台通过"搜索云""学习云""管理云""资源云"等主要教育 SaaS(Software-as-a-Service)云功能,形成"多模式、广覆盖"的教育信息化云服务平台框架,建立学习资源体系,以学习者为中心,通过四大服务功能为个性化、多样化需求的学习者提供混合学习的服务。

学习者首先登录学历案系统服务平台,通过"搜索云"在丰富的"资源云"中快速准确定位需要的学习资源,通过学历案系统提供的学习工具及学习交流区等进行互动分享学习。在学习过程中,通过"管理云"自动跟踪和积累平台上产生的学习者本身的信息以及学习过程记录、行为模式等,并统一保存在远程服务的学习档案数据库中。资源库不仅支撑资源共享,更支撑了"学习云"和"搜索云"的功能。教育 SaaS 云主要包括以下几个功能。

"搜索云"服务提供全网智能垂直搜索引擎服务,提供对平台上各类教育机构资源的重新整合和检索功能,针对教育资源特定领域提供更加专业、具体和深入的、主题化的、满足不同学习者需求的有效云学习资源,以保证用户能够更快速、更准确、更全面地获取其期望的检索结果。

"学习云"服务能够实现网络环境下百万人同时在线学习及"云"中互动,为学习者提供一个交互式的数字化学习环境及电子书包终端支持。教师能够通过电子书包终端进行布置、批改电子作业,在线答疑;学生能够进行在线学习、交流、测评、提交作业等功能。

"管理云"服务提供课程管理与检索、课程资源管理、学习档案袋、学分银行、信息统计管理等学习管理服务。其中,学分银行实现不同类型学习成果的互认和衔接,包括学分管理、学分标准、学分等级、学分积累、学分查询、学分认证、学分折算、学分补偿、学分转换等管理功能。

"资源云"服务以先进的技术手段支持教育信息资源的建设、上传、应用和再

生,支持将静态资源转化为动态云服务,实现海量教育资源分布存储及统一服务、注册及搜索发现、目录服务、审查及更新、共享服务等功能;运用数据挖掘技术,实现隐性知识、动态资源的有效聚合和服务;支持与其他资源库系统的数据交换;支持超大规模用户并发访问,支持为多种终端提供不同格式资源的自适应服务,为各类人群提供资源云服务。

教育信息化云服务平台通过自适应机制,提供不同平台的资源服务。建立基于多种平台(包括互联网平台、移动网平台、数字电视平台等)的平台模板,实现了不同平台下的自适应转码,通过自适应调度对转码后的资源进行分发,使学习者在访问相应网络时能自动获得与该网络相适应、设备相适宜的资源。

基于云计算的教育信息化服务平台,采用云管理方式,支持多终端的学习服务方式。学习者通过下载移动学习应用或直接访问移动门户的方式进行移动学习。移动学习服务也将通过 Web Service 的方式与网络学习平台集成,以保证最大程度的复用性和扩展性。移动学习应用(客户端)将以嵌入 Web View(网页控件)的方式复用所有的在线学习功能,仅针对终端相关的功能开发客户端程序,如多屏合一、离线学习等。

二、平台功能对混合学习的促进

民立中学依托云学历案系统平台助推混合式学习实践,主要体现在通过线上资源赋能线下学习、满足学生混合学习需求。具体表现为:提供多样化的学习资源、实现精准实时的学习评价、建立扁平通畅的交流互动机制,以及拓展学生的学习视野、促进学习经历的交流分享等。

1. 基于课程资源,自主选择学习内容

教师只有提供丰富的学习资源和多样化的教学组织形式,学生才能根据自己的知识经验、兴趣需要、学习能力和学习风格等因素来选择那些最适合自己的学习内容、学习方式开展学习。为克服传统教学限于"纸质教材+学历案"的单一学材对个性化学习的制约,平台设置了"课程资源"板块,丰富的学习资源让学生自主选择学习内容成为现实。

进入"资源中心"并选择相应学科和年级后,平台将按照教材章节顺序呈现对应的学习内容。学习内容以学历案为主体框架,包含学习目标、学习任务、学习环节等。学历案中详细列出的学习资源通常由情景视频切片、模拟动画、实验场景、微课录像、拓展资料等组成。学生可以根据个体需要,自主选择某一素材进行学

习,也可以综合学习几种素材以加深对学习内容的理解。整个学习过程基本呈现"情景—任务—学科知识—完成任务"的学习路径。

2. 基于测试数据,形成针对性评价

学习测试是检验学习水平、查漏补缺的常用方法。但传统纸质试卷测试存在不能及时反馈、学生个体难以准确剖析学习中存在的共性问题、教师统计错题分布费时等弊端,而课程成绩中的"测试中心"基于测试数据的智能统计分析,实现了对学科知识学习情况的针对性评价。

按照学习顺序设置的测试题有"闯关试题""课堂检测""课外训练"三类。学生通过"资源中心"自主学习新课后,就可以及时利用"闯关试题"检验学习情况。"课堂检测"用于课堂教学的前测或后测,其统计数据为课堂深度学习和讨论提供依据。用于家庭作业的"课外训练"试题,包含节次试题、章次试题、综合试题等,学生可以依据个体需要确定完成进度或温故再测。

3. 基于学习日志,促进交流互动

学习过程中的知识供应和问题解决在很大程度上来源于交流互动中的生成资源,而基于平台学习的日常学习交流都能够通过互动管理中的"学习日志"来完成。教师、学生个体和数字化资源形成分布宽广、交流通畅的扁平结构。

不论教师还是学生,不论在课外学习还是在课内学习,只要是对课题学习有价值的学习资源,诸如作业点评、疑难解析、心得交流等,均可以在"学习日志"区发布。作业展示、思维碰撞、心灵放飞……教学相长,人人都是老师,无限精彩的学习活动将在"教学日帖"中跳跃、共振起来。

4. 基于云存储,凸显博雅文化

随着云存储技术的发展和应用,基于校本化平台的学习环境将会替代基于传统教室的学习环境,有限时空的"教室"将会由无限时空的"学室"替代。因此,平台特别设置的"博雅教育"板块就是对"学室"文化的营造和渲染。

"博雅教育"板块收录着教师优秀的作品,包括教育教学课例、优秀作品、学术性成果等,以及鲜活学习生活的剪辑、重温、反思等内容。在"博雅教育"板块各栏目中,"活动剪影"主要收录公开教学活动、学生活动场景等,"作品展示"主要收录学生的小制作、课题研究论文、优秀作业等,"统计数据"主要收录问卷的统计分析表格,"友情链接"主要用于链接学生个人云盘地址等。

第二节 学历案系统建设促进课程资源的迭代完善

课程资源建设是推进"双新""双减"实施的内涵所在。项目组研究团队在高标准落实国家课程基本任务的前提下,着力建设高质量的混合教学课程形态,系统集成和智能推送单元学历案设计、典型教学课例和导学胶囊、活动课程经历、专题微信公众号等混合教学资源,并应用学习分析技术,共享共生学习评价数据。

一、学历案设计资源的系统开发

以年级和学科为标识码,依托民立中学教学云平台,系统化开发融合课前预学、课堂学习和课后作业为一体的电子学历案,作为混合教学的基础资源,支持学生课内、课外全时段的学习和巩固,因故缺课学生也不再因学习资料的遗漏而焦虑。新课程、新教材、新考试都指向学生核心素养的提升。同时,因学科而异的多媒体资源,较以往纸质资源呈现出更加丰富多彩的学习素材,学习资源以学科单元为单元整理,便于学习个性化学习。丰富的、可视化的、适切的学习资源,有利于培养学生在真实情境中解决问题的关键能力和必备品格,有效提升学生的核心素养。

为满足学生的个性需求,学校项目组领导小组通过教研组长研修、教研组研修等途径引导教师开发各类校本课程,并将课程资源上传至教学云平台,校本课程的线上资源开发,一举破解了校本课程选课不均的困局。受师资、场地、器材等实体因素的限制,校本课管理中一直存在着"大众"和"小众"选择的难题,直到我们采用"线上选课、学习,线下体验、交流"的混合学习模式才得以有效解决,极大地满足了学生的个性需求。

二、平台互动资源的合理配置

基于教学云平台的学历案系统的开发,实现了实时、适切、可视的教学互动,这正是"双新""双减""新高考、新中考"背景下信息化推进混合教学的精髓所在,但互动价值更依赖于融入平台互动功能之中的教学资源。项目组研究团队开发编制的云学历案系统通过平台提供课程计划,帮助学生明确自主学习目标、路径和方向。系统完整记录学生的学习轨迹和学习档案,同时也记录教师的教学轨迹,为保障教和学的质量提供监测依据。平台基于实时的数据采集驱动教和学的改进与优化。平台的个性化预学检测、梯级作业、错题再练和学习评语四大人机互动资源内容,在复习迎考、寒暑假自主学习等场景下得到校域范围内广泛应用。

经过项目研究过程中对线上资源赋能线下教学的实践探索,研究团队充分利用在线教学期间学习平台、钉钉等开放网络平台,进行云答题、云辅导、云背诵、云班会、云教研等形式多样的教学互动内容所积累的教学经验,成为新的教学资源。《上海教育》杂志微信公众号以"让教师成为知识的传播者和丰富资源的开发者"为题,专门报道了民立中学在线教学的探索经验。

第三节　编制基于学历案系统的校本教学手册

作为一种追求"技术支持下的学习优化"促进日常教学变革的教学理念,基于数据驱动的混合学习设计只有在教学实践中实施,才能研究其成效和价值,而基于混合学习设计的教学只有在教学实践中形成有效的操作方式方法,才能彰显理念的生命活力和实践指导价值。项目组研究团队基于教学实践和反思,构建学校混合教学实施导图和平台教学模式操作流程图,制订学校混合教学课堂评价量表,三者作为学校教师开展混合教学的指导手册,为深入探索混合学习设计研究和实践有效机制提供了借鉴。

一、混合教学实施导图

基于学历案系统的混合教学,其本质是将"适当的"数字化技术与"适当的"学习风格相结合,从而取得最优化学习效果的教学方式。面对不同教学时段和不同学生个体,线上线下混合教学的路径必然不是固定的,两者融合的程度也随着教育信息化的发展而不断深化。项目组研究团队根据学校推进混合教学的实践情况,构建了混合教学实施导图,如图6-1所示,其中数据驱动成为教学变革的新引擎。

在研究过程中,研究团队围绕混合教学开展理念学习、学习设计、教学实践和反思改进,积累了大量的校本教学数据、资源和经验。教师和学生依托混合式学习

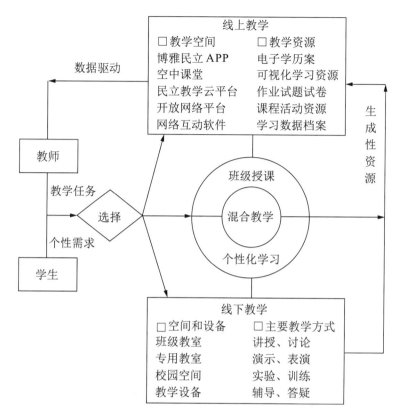

线上教学

□ 教学空间　　　　□ 教学资源
博雅民立 APP　　　电子学历案
空中课堂　　　　　可视化学习资源
民立教学云平台　　作业试题试卷
开放网络平台　　　课程活动资源
网络互动软件　　　学习数据档案

数据驱动

生成性资源

班级授课

混合教学

个性化学习

教师

教学任务

选择

个性需求

学生

线下教学

□ 空间和设备　　　□ 主要教学方式
班级教室　　　　　讲授、讨论
专用教室　　　　　演示、表演
校园空间　　　　　实验、训练
教学设备　　　　　辅导、答疑

图 6-1　混合教学实施导图

空间,能够基于学习目标、学生基础、学习内容、学习资源等教学前端数据,在教学形态类型和个性化学习路径的选择上,实现有据可依、有例可鉴。

二、平台教学模式操作流程图

在当下全日制班级授课制模式下,中学课堂教学的主要形式是"线下教学+学习平台"的混合教学形式。项目组研究团队以教学平台的"资源中心"和"互动空间"为支持,构建了包括"教学前测""知识梳理""探究应用""交流分享""教学后测"五环节的平台教学模式,如图 6-2 所示。

上述课堂教学五环节是平台教学的流程框架,但并非严格地按时间线性排列,也非每节课必须按流程全部完成。平台教学模式不仅支持教师根据不同课型灵活调整学习流程,能够基于具体教学内容和学情选择性实施;也将高阶思维训练集中在课堂完成,为深度学习提供可能;还能够实现学生根据个体需求对学习内容的按需再现和重新学习。

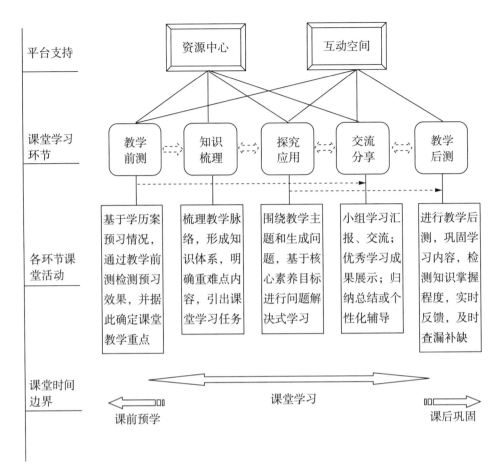

图 6 - 2　平台教学模式的五环节

三、混合教学课堂评价量表

混合教学课堂评价设计是导向教学优化、提高教学质量的关键。不管是传统线下教学、完全在线教学,还是混合教学,都具有课堂教学的本质特征,即"活动—实践性""交往—社会性""文化—价值性"。基于此,项目组研究团队从教学目标、教学内容、教学方法、教学互动和教学效果等五个评价要素出发,设计了三维立体化的混合教学课堂评价表,如图 6 - 3 所示,实现了将不同形态的课堂教学纳入同一量规下进行评价的初表。

上述课堂教学评价量表,关注课堂教学的全过程,包括课前教师的学历案设计和教学资源准备、课堂教学中的"活动、交往和育人价值"以及课堂生成对后续教学的影响等。在课题研究过程中,研究团队将该量表用于指导学校学术季公开课的磨课、课题研究案例课的研究、学校三级督导的听课以及教师家常公开课的研讨

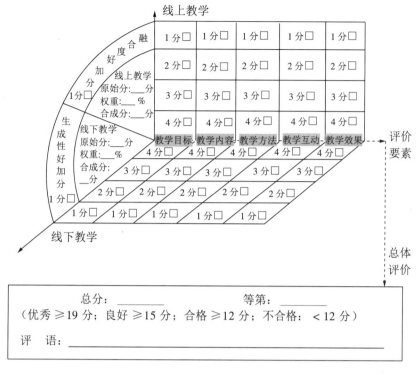

	教学目标	教学内容	教学方法	教学互动	教学效果	评价要素

图6-3 混合教学课堂评价量表

等,有效促进了混合教学理念的落地生根。

混合学习设计经过教学实践并形成一定的教学范式,实施成效具有可评价、可测量性,且得到教师和学生的认可,具有研究价值。

第四节 学历案教与学数据资源挖掘的价值分析

教学过程的数据中所谓的"数据"与"数字"具有不同的含义,一个数字背后的背景数据、评论数据等全方位地定位了该数据的意义。譬如,如果一个学生的考试成绩是70分,那么"70"就是一个"数字"的概念。只有将这个得分与其背后蕴含的一系列教育元数据如"教学要求""测试水平""智力水平""学习能力""学习态度""兴趣特质"等相结合,才能解读"数据"的真正含义。理解教学数据的潜在特性,是赋予数据新的价值、实现个性化教学从数字支撑到数据支撑顺利转化的基本条件。

一、教与学数据分析的应用

教与学数据分析可以从学生行为角度了解学习过程发生的情况。基于教与学行为数据的分析,可为学生规划或推荐个性化学习轨迹,开展自适应性学习和目标导向学习。这种分析方式既便于教师优化教学,也便于教师为学生提供更有针对性的教学指导和教学干预。课题研究实践中,教与学数据在教学和学习领域中有着重要的挖掘价值,其价值主要体现在以下几个方面。

1. 教师基于教与学数据优化教学

利用教与学数据分析技术及其相关分析工具,教师可获得有关学生的学习环境、学习过程、学习进度、学习感受、学习绩效等信息,这些信息可以作为教师教学改进和教学研究的证据。从教学云平台等学习平台中,教师可以获得学习者线上学习行为数据。从线下学历案中,可以了解学生完成学习的时间与教师期望的学习时间的关系,以及学生学习感受的评价数据等。通过对这些数据的分析,教师能够制订可以满足学生学习需求的学历案。

2. 学生基于学习数据自我诊断与导向

学生根据学习分析报告,进行自我评价,了解自己的优势和不足,认识、规划和发展自我。学生可根据学习数据诊断学习的差距、决策学习途径等。学历案系统可从系统和课堂教学两个维度采集学生绩效数据,通过对这些数据的分析研究,可以用来诊断学生的学习需求。学生借助可视化数据结果,清晰回顾学习的环境、时长、内容和成效等,通过与同伴比较了解自己的学习进度。这种基于数据的监控,对学生的自我导向学习是很重要的。

3. 研究人员基于教学数据决策个性化学习设计以及评估

教与学数据是研究学生个性化学习的工具。利用数据驱动的学习分析对学生学习过程产生的数据进行深入分析与挖掘,了解学生的学习模式以及学习路径的相关规律,教育管理者和教材编写者可以为学生制定合适的制度和提供适当的学习资源。

教与学数据是研究混合学习过程和效用的工具。数据驱动的学习分析为混合学习设计提供了设计依据,也为回答技术应用于教育的成效问题提供了可能性。基于网络平台的学习系统,通过对学习行为数据的挖掘与分析,为评估和改进教育制度及学习行为等提供了重要依据。当然,受限于项目组研究团队的水平,研究所采用的技术和过程还存在着缺陷,也面临诸多挑战,如隐私保护、数据准确性、系统兼容性、干预责任界定和数据版权等关键问题。经过专家等的指导和研究团队的实践探索,形成了一定的研究范式。

二、教与学过程性数据的价值挖掘

基于学历案系统的教学平台,为学生建立个人学习档案,记录学生在学习方案、课程活动、学习轨迹、学业成绩、社会实践和创新发展六个方面的过程性数据。根据线上数据和线下表现,教师和家长能够更全面地捕捉到异常情况并予以及时关注;同时,学生也能够依托这些数据证据,制订更加科学合理的自我发展规划。

1. 线上教与学过程性数据的价值挖掘

混合学习过程从课前、课中、课后教学活动全过程优化教学模式,评估混合学习的效能,指导教师的教学设计及学生的学习活动。项目组基于研究的混合教学模式,其具体实施步骤如下:通过云课堂平台收集并整理学生的各种数据。

教师可以基于学习平台,在课前开展以下教学设计:首先,依据课程标准和教材内容,以学历案为载体,明确学习内容和水平;其次,结合教学实际,分析学生在课堂和作业中反映出的问题;最后,制作一段 5 分钟左右的微视频,帮助学生梳理知识,加深理解并引出新课中的一些教学内容。同时,精选 4—6 道题目作为学生闯关学习,学生观看微视频后自我闯关,其学习的效果反映在能否通过试题闯关来体现。闯关顺利者,可以开始后续内容的学习或者提高学习难度;未能闯关者,应该再次学习或查漏补缺。因此,只给出答对试题的题数,不给出正误显示,直到闯关成功。平台智能评价系统会实时生成闯关结果评价,如图 6-4 所示。

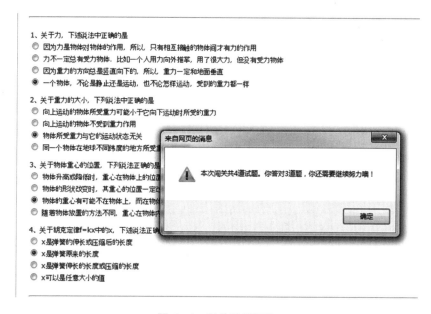

图 6-4 闯关结果评价

以游戏闯关的形式进行的教学前测既有巩固微课学习的效果,又有任务驱动的作用。基于学习平台,利用微课与检测为学生提供个性化的学习资源和保障。教师根据前测统计数据诊断学情,设计具有指向性的课堂活动,以学定教,让教学能够精准针对每一位学生。

2. 线下教与学过程性数据的价值挖掘

学历案中包含了单元教学设计和课时教学内容及相应的课时数安排,既是教师备课组统一教学进度,也是学生了解学习计划的途径。学历案中还包含了课堂学习任务的教学时间和学生作业完成、达成学习目标的自我评价等数据,教师可以通过这些数据及时了解课堂教学的目标达成情况及学生的学习感受,为教师的教学提供改进证据,也为学生的自我反思提供依据。如下是一节英语课的课时学习过程自评表:

学习环节	评价项目	自我评价				
		5	4	3	2	1
课前预习	我认真预习了课文,初步扫除生词障碍					
	我按时完成预习单,发现课文理解上的问题					
课中学习	我能通过浏览文本把握主旨大意					
	我能在把握主旨的基础上,定位文章细节信息					
	我能结合文章内容,提出有关冒险的相关建议					
	我能积极参与小组讨论,形成对冒险行为的批判性认识					
课后复习	我能及时回顾课文内容,结合预习时发现的问题扫清课文理解障碍					
	我能及时巩固课文中的生词及词组					
	我能背诵相关段落,积累常用句型					
总评	总体而言,我对自己在学习过程中的表现满意吗?					
	非常满意□　　比较满意□　　一般□　　比较不满意□　　非常不满意□					
展望	我在哪些方面的表现需要继续保持?我在哪些方面可以表现得更好呢?					

注:5＝非常符合;4＝比较符合;3＝一般;2＝比较不符合;1＝非常不符合。

三、教与学测试数据的价值挖掘

混合教学突出的优势是学习数据的收集、分析和应用。课题组研究团队依据教学平台的成绩管理功能,引导教师规范编制命题双向细目表,突出考试调研的素养导向和能力目标维度,以便由平台的考试质量分析系统便捷地查看多维度质量分析报告,包括试卷统计、答题信息、群体比较和关注对象等反映命题预期和教学效果双方面的测量数据。

图 6-5 是基于一次测试平台数据给学生的一份物理综合素质测评报告,右边是每题的得分、年级的平均分、总分等信息,左边是从单元知识结构分析、学习能力水平分析、学科素养水平分析三个方面尝试帮助学生分析其个性特点,更精准地制订个性化的学习计划。如单元知识结构薄弱可选择单元知识导图、单元题型扫描胶囊等数字化资源再学习,学科素养水平有待提升可按照学科素养类型设计的问题强化练习,学科能力进阶提升可选择高一级水平要求的能力练习或最新试题速递胶囊进行深度学习等。

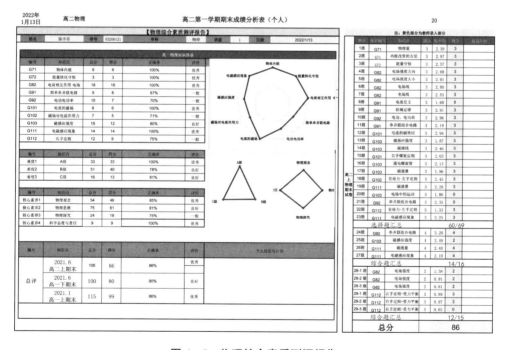

图 6-5　物理综合素质测评报告

实际上,如何根据学生的学业情况,及时进行个性化辅导常常困扰着中学教师。有了丰富、适切、可视化的数字化资源,教师的教学就会游刃有余、有的放矢。譬如,教师根据学习数据画像,为学生推送适切的胶囊内容或可视化资源,让数字化资源成为学生全程在线学习中易于互动的"良师益友",使混合教学的优势得以充分发挥。

总之,随着教育数字化的转型发展,技术对中学教育教学的支持层面越来越宽广。学科教学的数字化转型不是简单地将传统教学方式线上化或视频化,而是需要充裕优质的数字化资源供给、泛在通畅的教学互动以及有精准针对性的数据评价等多方面支撑因素。因此,中学教师不仅需要掌握基本的信息技术工具,更需要用数字化的理念审视和指导学科教学过程的各个环节,这样才能落实好学科教学的核心素养目标。

第五节　学历案引导学生进阶式的深度学习

项目组科研团队在校域范围内,通过全学科及跨学科基于学历案混合学习设计的教学实践研究,由课堂观察测量结果、学生调查反馈、教研组学科教研、研究团队分析总结共同得出应用基于学历案的混合教学,促进学生进阶式的深度学习。

一、学历案激发了学生的学习兴趣

兴趣是最好的老师,学生学习的兴趣直接关系学生在课堂中的投入程度。基于学历案的教学实施过程、师生访谈结果、教学研究总结表明,遵循"任务驱动—情境素材—学习活动—评价检测—学习反思"路径建构的学历案,在一定程度上能够有效激发学生的学习兴趣。其中,"任务驱动—情境素材—学习活动"环节通过设置挑战性任务、真实情境、开放性问题和多样化路径,有效激活了学生的创造力和参与度,如图6-6所示。从课堂教学感受到学生参与学习活动及小组之间的交流变多了。学历案通过将单元学习任务拆解为课时学习任务,并设计进阶性问题引导学生逐步完成,构建"问题串—课时任务—单元任务—学期长作业"的递进式学习框架。在这一过程中,学生实现了从知识点掌握到知识体系建构、从真实问题中解决问题、从个体完成到合作完成、从问题提出到体验成功的全面发展。这种经历不断积累的过程,也就是学生的学习兴趣及创造力被唤醒的过程。

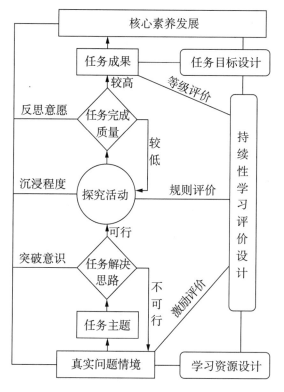

图 6-6 学历案设计挑战性任务流程图

二、学历案促进了学生的高阶思维

在以传统讲授型为主的课堂中,受传统教学情境的制约,学生需要花费大量的时间在知识的记忆及理解上,缺少时间进行高层次的认知训练。在一个传统教学模式完整的学科学习闭环中,课前预习、课堂学习和课后巩固三个阶段对学习任务的完成是逐步提升的。传统课堂学习任务面积占比与认知训练示意图如图 6-7 所示,课堂

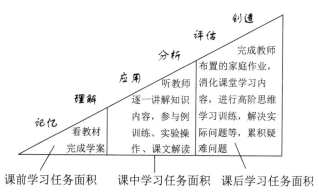

图 6-7 传统课堂学习任务面积占比与认知训练

上缺失的如运用所学知识分析、解决实际问题等一些高阶思维活动,只能通过课后作业来弥补,导致学习任务重心都移动到课后的被动局面。

基于学历案系统的混合学习教学模式探索的目标是定位为以核心素养为导向推动个性化学习,促进学生高阶思维发展,实现深度学习,落实学科核心素养培育。信息化背景下技术与教学的深度融合,通过日常教学变革,凸显了课堂教学主阵地的作用,有效降低了学生的学习负担,使学科核心素养培育落地。这也是"双新"实施和"双减"政策的教学减负增效的必需。

基于学历案系统的教学云平台构建了突破时空限制的学习环境,优化了学习任务的分配结构。课堂学习承担起训练高阶思维、促进知识内化的核心任务:课前学习聚焦基础知识,课后学习侧重巩固和拓展,从而形成了课前、课中、课后的学习任务的合理分配。

以高中物理选择性必修三中"气体压强与温度的关系"教学实践为例,图6-8直观展示了课前、课中、课后学习任务面积占比与认知训练。

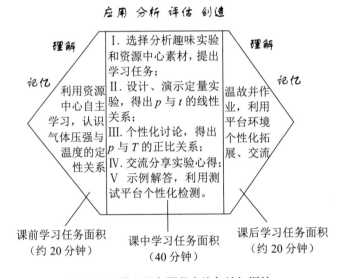

图6-8 学习任务面积占比与认知训练

由上述教学案例可以看出,基于学历案系统的教学云平台的学科教学使得教师成为学生便捷处理信息、获取资源和解决问题的伙伴。教师从传统课堂中的知识传授者变成学生学习的引领者和问题解决的伙伴。教师、学生、学习资源形成分布宽广、便于选择和交流通畅的扁平结构。学生是教学过程的主体,是学习过程的中心,这体现了新课程理念,有利于发展学科核心素养。

三、学历案驱动了学生的结构化学习

结构化设计的单元学历案为学生构建了学科核心素养的知识网络,引导其在真实情境中完成挑战性任务,从而提升了解决实际问题的关键能力,并提供了学习路径。在实施过程中,针对学生表现出的高度学习积极性,为提高其交流合作学习的能力,通过个性发展和团队协作的有机结合的方式,以激发每一位学生的创造力为目标,最终促使学生在"真问题"的解决过程中实现"真学习"。

四、学历案促进了学生的学习反思

在学习反思过程中,学生主要发展对自身学习的监控和反思的元认知能力,同时培养批判质疑的能力。学历案通过设置学习时间、学习评价、学习感受和学习反思等板块,帮助学生提升学习敏感度,并根据学习体验提出参考性的建议,这种反思性学习正是养成终身学习习惯的有效途径。

基于校情以数据驱动的学历案设计,是一份相对独立的校本课程计划、一张引导学生学习的认知地图、一份指向个人知识管理的学习档案、一种可以在学习全过程中生生、师生、师师交流的互动载体,更是供师生双方保障教学质量的监测依据。

第六节 学历案设计的策略

在开展混合学习的学习设计——学历案的设计与实践性循证实施的研究过程中,最终采用"研讨—设计—实践—反思—证据—改进—调整设计—再实践"的循环研究模式。在研究过程中,师生反馈的问题更激发了研究团队对实践过程的循证反思,反思的结果正是基于学历案激活学生创造力、收获学生深度学习的教学实践的成果。反思不仅可以促进"三新"背景下教育教学的深度变革,也为今后继续探索深度推进信息化与教育教学深度融合的教学设计与实施,提供了需要着重思考进而突破的方向。混合学习设计反思的重点包含以下四个方面:基于学情的问题或项目设计,教学进度与学生活动的平衡,学生个性化和班级授课的关系,教学资源供给的丰富性和适切性问题。

一、打造研训体系,提升混合教学设计能力

任务驱动,构建稳定的研训体系,是促进教师混合教学设计能力提升的重要保障。项目组研究团队在校域范围内通过教学研究和教学评价两条路线,同时推进混合教学设计实践研究,从而形成学校全域化、常态化的"一·三模式"校本研修结构,即一年一度的学校学术季展示交流活动和市区项目、教学督导、创新项目三类不同载体的线上线下教研路径,如图6-9所示。通过研训提高全体教师的教学设计能力,形成混合学习设计的校本范式。

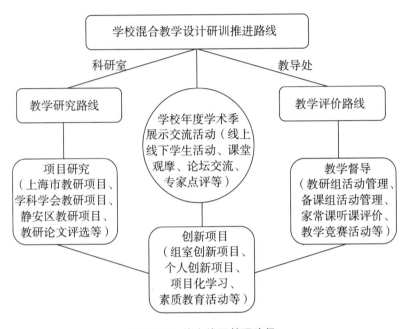

图6-9 线上线下教研路径

二、开展教研,集众之智设计学历案

在学校中,学科教研组之间的教研能力和学科教研组内教师的混合学习设计能力存在很大的差异。因此,首先初步设计学历案的框架,再通过常规校本研修开展教研活动,组织教师阅读学历案的相关文献和教学案例,以理论指导实践。在研读课程标准的基础上,结合教材教学内容对学历案的各要素进行研讨。在实践中反思,在反思中修改,最终设计出更符合校情学情的学历案,成为教研组内的共享资源。此外,各教研组之间定期开展交流和分享活动,取长补短,并通过一年一度的校学术季进行展示。在辐射研究成果的同时,接受专家、领导和同行的意见和建议,为实践性循证研究指明方向。

三、关注过程,提供深度学习的机会

学历案的特点就在于重视学习过程,学历案的设计要尽可能让学生经历完整的知识发现、形成、应用的全过程。学历案强调"在学习"和"真学习",在问题解决的过程中,通过从真实情境到知识建构的学习过程,帮助学生经历完整且真实的学习历程,实现学生对知识的深刻理解和对知识本质的把握。最终,在深度学习的过程中,逐渐提升学生的学科核心素养。因而,在学历案的设计阶段必须不断思考如何在问题(任务)内容及活动设计、资源形式和供给方式、内容呈现方式等方面进行差异化设计,以满足不同层次学习水平的学生需求。这就需要教师充分了解班级学生不同层次的思维水平、学习习惯等,设计进阶式的活动和问题。这样的设计不仅能满足学生的选择性学习,更能为学生的学习进阶搭建支架,确保学生能经历真实的学习与思考的过程,从而获得高阶思维的发展,最终落实核心素养的培育。

四、单元学历案设计,提高学习的有效性

学科教学内容中的"单元",一般是指"同一主题下相对独立且自成系统的内容整体"。学科单元学历案设计是为实施学科课程而以一个单元为整体、以问题解决为载体进行的一种系统化、科学化和结构化的教学设计。单元学历案设计遵循五个原则:基于教学内容选择大任务、基于学科知识设计子任务、基于学习层级设计重点活动、基于任务网络形成认知结构、基于核心素养评价学习成效。

学习大任务(大问题)的设计与分解,是落实单元教学过程的整体性、递进性、关联性的重要载体,是串联学习子任务和课时教学活动的显性线索,对有效促进学习层级跃迁与素养水平发展有着重要作用。因此,单元大任务设计和分解为小任务,是单元设计的关键。在设计学习任务时,要兼顾学科知识结构化引导与任务的整体性,既要体现大任务的设计理念,又要关注子任务的个性化选择。同时,在围绕学习任务设计课时作业和单元长作业时,应当统筹考虑学科知识传授和学习能力(如研究能力)等的培养目标。

第七章

研究成效
和反思展望

第一节 研究成效

通过循证性实践研究,从空间环境、课程建设和教师培训三个方面已经初步构建了混合学习环境生态。具体成果包含:开发集成学历案系统的混合教学平台,探索基于混合教学平台的教学模式,编制学历案的校本范式。基于数据驱动的混合学习设计的教学实践,在学历案设计策略研究和实施路径等方面取得显著进展。这些成果通过公开课展示、学术论坛交流和论文发表等途径产生了一定的影响力。实践证明,以核心素养为导向的混合学习设计研究具有广阔的发展前景。

一、混合学习的环境建设

信息技术与教育教学融合的混合学习,已成为推动教学深度变革的重要途径。混合学习是以信息技术的应用作为标志,依赖现代信息技术,既作为学生学习资料的来源和认知工具,又充当交流媒介、管理手段和组织平台,形成了混合学习的基本生态格局。营造开展混合学习的校域优质生态环境,需要从空间环境、课程建设和教师培训三个方面进行建设。

混合学习空间环境是一个开放的系统,是充满人文关怀的实体要素和基于数据驱动的虚拟要素相结合的学习广场。混合学习空间建设包括校园智慧环境、专用创新实验室、数字化学习平台、终端场景及系列化课程活动场所等多种空间形式,是学校层面上开展混合学习的"基础建设"。要实现素养导向的个性化教育大目标,必须在教育管理、课程领导力和教学方式方法上有策略性的推进,而课程化和项目化学习活动是一个很好的突破点。教师信息素养培训,从形式上看,是引领教师主动适应信息化、人工智能等新技术带来的教育教学变革;从本质上看,是为教师专业发展搭建平台,既是建设高素质、专业化、创新型教师队伍的关键举措,也是深化混合学习的一种有效措施。

二、混合学习的教学设计

基于校本的教学改革与实践创新,只有与常态化的课堂教学相伴相随,才能将"双新""双减"理念落地生根。而常态化课堂教学的变革,必须从教学方案的专业化做起。从学生视角出发的学历案可以促进学生个体发生真实的、深度的学习。素养本位的学历案设计,要关注教学过程中育人目标的整体性、评价任务的进阶性、问题情境的真实性和学习场景的融合性等多个维度。

遵循单元教学理念的单元学历案包含学习主题、学习目标、学习任务、学习环节、学习评价等完整学习信息的教学应用方案。单元学历案具有以下三种基本属性：一种是促进师生互动的教学载体，一种是基于学生立场的学习手册，一种是"教、学、评"一体化的单元方案。

编制和实施单元学历案，对营建优质校本教学新生态具有很强的现实意义和导向功能。从学业减"负"增"效"的实践来看，单元学历案成为护航学生个性发展的利器；从教学转型发展的探索来看，单元学历案是构建混合教学生态的基石。

三、学历案的校本化设计

基于校情的单元教学设计思路及基本要素可概括为：在学科单元的设计中，采用"单元大任务（或大问题）引领子任务串联"的结构化设计思路；其基本构成要素包含学习目标设定、学习活动设计、学习评价实施以及学习反思等。

经过教学实践确定学历案设计的要素：学习目标须涵盖课标要求、学习水平和学习目标三个维度；学习评价应包含参与情况、作业情况、检测情况和个性表现四个观测点；学习活动要包含学习任务、学法建议、线上学习导航和线下学习导航四个组成部分；学习反思则需要记录学习感受、作业订正、检测订正、进一步学习设想和课时学历案的学习反思（包括自评和他评）等方面。

四、学历案设计的价值分析

教学设计的合理性、可操作性和校本价值必须通过教学实践来循证。为此，项目组组织全校各学科进行了全面的教学实践，重点围绕以下方面进行循证研究：混合学习学历案的设计、云学历案系统构建、基于学历案的课堂教学实践以及数据驱动的精准教研。

建设学历案系统促进了学校课程资源的迭代完善，具体包括：开发基于学历案系统的校本教学手册，编制平台教学模式标准化操作流程图，制订混合教学课堂评价量表，开展教学数据价值的深度挖掘。

学历案通过创设真实情境的问题解决路径，有效引导学生开展进阶式深度学习，具体体现在四个方面：一是激发学生的学习内驱力，二是驱动学生的结构化学习，三是导向学生的高阶思维，四是促进学生的学习反思。

学历案设计的策略：打造研训体系，提升混合教学设计能力；开展教研，集众之智设计学历案；关注过程，提供深度学习的机会；设计单元学历案，提高学习的有效性。

第二节 反思展望

一、混合学习设计需要教育评价跟进

互联网信息技术与传统课堂有机整合的混合教学模式已成为常态。素养导向的混合学习设计需要在优质的混合学习生态中落实。混合学习生态构建涉及学校教育教学管理的方方面面,其实施效果也受到多种因素的影响,例如学校的信息化设施、教师混合学习的设计与施教能力、学生混合学习的沉浸程度等。项目研究在实践过程中遇到的问题包括:运用信息化制作可视化学习资源还不能满足需求,不同年龄、不同学科的教师开展混合学习设计研究的积极性存在差异,项目初期基于混合学习设计的教学实施工作量显著增加等。显然,这些问题是学校实现更高水平教育信息化进程中不可避免的挑战和矛盾。要有效解决这些问题,需要同步完善:学校的规划管理制度、教师的工作绩效考核机制和学生的综合评价方案。

此外,分节定时课堂仍然是当前学校教学的主要形式,制约了混合学习的教学组织变革。混合学习伴生的问题就是它比纯粹的网上学习或面对面学习具有更多的灵活性和多样性,随之带来诸多不确定因素:学生的信息素养差异、个体学习方式的偏好、学习的内容差异和适宜时长等问题,以及教师挖掘教学数据含义和学习分析技术能力差异等。因此,混合学习设计的效果需要相应的过程性指标来评估。素养导向为混合学习设计评价提供了方向,新课标视野下学生发展核心素养是其基本依据,信息化应用水平和师生信息素养提升情况则是关键评价维度。

二、从混合学习生态走向智慧学习生态

没有信息化,就没有教育现代化,先天携带着信息化基因的混合学习,是推动学校教育变革从技术应用向能力素质拓展的必由之路。随着"双新"实施,"双减"政策、"新中考、高考"的推进,未来学校教育现代化发展将重点聚焦以下几个方向:基于学历案设计的混合学习研究,基于数据的教育治理推进,基于技术的环境设计,基于个性的推送服务等。通过构建技术融合的学习环境生态,培植教育与技术协同的数据智慧、教学智慧与文化智慧,将是混合学习引领学校教育现代化的发展远景。

附件一　博雅民立移动校园平台——博雅民立 APP

随着静安区教育信息化改革进程的不断深化,上海市民立中学作为区信息化重点学校,在校园办公、校本自主学习库等信息化建设上取得了长足的发展。学校在教育信息化上有一定的基础,但应用建设分散,相互之间未打通。原有的校园官网中应用如新闻通知、教师培训、教学资源等功能在传统的 PC 端下架构,应用体验不好,无法适应在移动互联网的技术背景下使用。

深入贯彻教育部"教育信息化 3.0 行动计划"的政策要求,学校全面推进教育、教学及管理的信息化建设,进一步提升广大师生的信息素养和驾驭信息技术的能力,提高学校教育信息化的应用水平和效能,锤炼学校信息化办学特色。通过博雅民立 APP 的正式上线,在全体教职员工的共同努力下,学校的信息化建设发展上了一个新的台阶。博雅民立 APP 是我校移动校园系列应用的核心组成部分,是为教师、学生、家长和管理者提供基于"互联网+"的集教学活动、学习生活和教育管理于一体的服务系统。

一、博雅民立移动校园平台的核心价值

博雅民立强化易用性和亲和力,通过互联网一站式平台的建设,融合软硬件技术,以电子学生证实现身份验证和数据采集,以电子班牌作为应用展示的载体,支持多端应用(PC 端、平板端和手机端)和移动化应用。围绕在校应用场景,以多点应用深度服务校园,以个性化内容服务家庭,以信息技术促进教育教学工作发展。博雅民立移动校园平台有如下特色(图 1)。

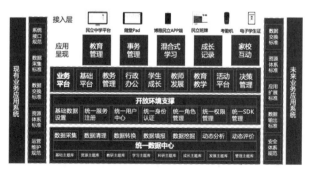

图 1　博雅民立移动校园平台逻辑关系

一体化:整合所有校园应用系统(如家校、学生成长、教务、自主化学习、办公等)。

人性化:简洁的系统设计,优化各个流程,降低使用者的工作量,帮助学生快乐成长。

工具化:将家校、学生成长、教务、办公、学生学习进行工具化,实现全业务流程的在线处理。

移动便捷:在原有 PC 端基础上加上移动端的系统,使用更加便捷,用户体验更加丰富。

平台化:统一数据中心、统一门户、统一认证中心、统一云服务架构、统一业务应用。

博雅民立移动校园平台通过建设统一数据中心,基本实现了校园内各种信息系统的互联互通。该平台整合了家校沟通、学生成长、教务管理、混合式学习、办公协同等所有校园应用系统;平台虽基于传统的业务流程搭建,但最终形成了以电子学生证实现身份验证和数据采集,以班牌作为应用展示的载体,同时支持多端应用(PC 端、平板端和手机端)和移动化应用。平台围绕教育管理、事务管理、混合式学习、成长记录、家校互动五大板块,为教师、学生、家长和教育管理者提供了更加丰富的服务体验。

博雅民立移动端与 PC 端结合使用,从三个方面体现了混合学习的价值所在:其一,从管理者角度,实现了一机管理教学设施和资源,掌握校园所有数据,统一应用,避免了应用隔离和数据鸿沟引起的重复工作,同时实时沟通和免费开放提升了教师、家长、学生的满意度。其二,从教师角度,资源共享、自动化批改作业、适切匹配试题等大大减轻了工作量,通过平台提供的反馈教与学的数据及时改进教学方法,满足了学生的共性要求,同时也了解了学生学习个性状态,其实时推送的适切的学习资源也满足了学生的个性化学习需求。其三,从学生角度,多种线上学习手段对课堂学习形成有效补充,多元、多维学习评价形成了学生的学习画像;一对一的家校互动避免了无效信息的干扰;学历案系统记录了学生学习的全过程,提供学生学习的路径,点亮了成长之路。

二、使用反馈

1. 教育管理

教育管理信息化是教育现代化的重要环节。从学校的本级部门看,原有的教育管理系统信息标准不完备,缺乏运行维护统筹;旧信息系统分散建设,造成了系统灵活性差,缺少可扩充性和开放性。随着教学改革的不断深入,对学校教育管理的灵活性要求不断提高,迫切需要进行数据层面上的集成和应用系统的整合。

通过建设博雅民立教育管理平台(图2),我校获得了更加多样化的管理手段。该平台现已实现课程全流程数字化管理:从课程发布、在线报名,到成绩记录与评价采集,再到作品展示、投

图2 教育管理

票评选及排名统计,完整覆盖了教学管理的各个环节,有效解决了传统线下模式的低效问题。

通过教育管理板块的应用,学校将不断深入地利用信息化技术,全面提高学校教务教学管理水平。通过信息化技术提高效能,基于数据持续改进管理水平。

教务管理员:我校"民立好声音"又开始了,我通过艺术节管理模块发布活动通知,利用系统为参与的活动学生进行报名。在活动期间,学生利用系统上传自己的K歌音频,同时通过全校师生投票,评选出获奖名次和排名。

学生通过校内的电子班牌及时查看各种选课、志愿者活动报名通知,课后可通过家长的手机进行报名,也可以请教师协助报名;还可以通过手机APP参与到评比中。家长也可以通过手机查看比赛结果和优秀作品展示。

图3 家校互动

2. 家校互动

通过班级通知、作业通知、班级相册、学校相册、家校通知、学生请假、食谱管理、调查问卷、师生交流、作业时长、班级资源的建设(图3),博雅民立家校互动目前涵盖了学生知识学习、成长记录、思想道德、身体健康等各方面的沟通内容。它可以帮助家长实时了解学生在校学习和成长情况,并促进家长和教师充分互动,提高教学质量。良好的家校互动为学校建立了良好的口碑和信誉,不断提升着博雅民立的品牌形象。

中学生思想独立,但自控能力弱。家长希望能实时获得子女在校情况,学校也希望家长配合,共同关注学生成长。在过去的家校沟通中,互动的方式大多是电话沟通、面对面交流、QQ和微信交流。这些互动存在明显局限:信息容易被淹没、缺乏针对性、难以留存等。这导致家长无法及时获知孩子在学校的动态,教师无法把最新的教学情况反馈给家长等,让教师和家长们感到非常不便与苦恼。博雅民立家校板块作为教育专用平台,构建起了家校共育中沟通、交互、反馈、分享等教育场景,为教师、家长、学生三者之间的有效沟通建立起了专用通道。

教师:我现在可以拍摄班级照片和分享学生作品,在班级相册中进行发布;通过博雅民立 APP 发送班级通知、作业通知、班级资源。尤其是我作为英语教师,不仅口头作业的检查和反馈效率大大提高了,同时,通过作业回复来进行集体监督的方式,作业完成的质量也有了明显提高。

家长:我现在可以通过博雅民立 APP 实时收到学生作业提醒、教师留言,使用社交工具带来的无效信息和遗漏重要信息的情况终于可以远离我了。我还可以通过 APP 给孩子请假,也能在闲暇时间查看学校的食谱,关注孩子的饮食健康。

学生:我现在可以通过手机查看老师发布的通知,确认作业内容,按作业通知内容完成作业,对作业通知进行回复,还可以查看相册中的内容并进行评论。

3. 事务管理

学校教职员工数量众多,传统的文件传达和事项通知耗时长或传达可能不到位,同时,校内外各处教师需要及时与校内系统联系,查阅相关数据和资料,进行现场办公。

图 4 事务管理

为此,博雅民立事务板块提供了学校日常管理(如图 4 中会议管理、通知消息、学校动态等诸多应用),方便了校内外的信息传递,解决了校园行政事务管理的全面移动化,满足了校内外教职员工的移动办公需求,以更低成本实现了更高的办公效率。

通过办公板块,学校基本实现了校园办公的全线上操作流程,提高了办公效率,随时随地办公。

教师:考勤管理及请假管理模块联动、数据打通,请假及未打卡原因一目了然。查看一天的日程和需要办理的事务,提醒自己有哪些事需要尽快处理;遇到损坏的公共设施,在手机端的报修管理模块中填写报修信息。遇到需要采购和印刷的情况,我可以在采购管理模块和文印管理模块填写申请。学校的各类培训资料,也可以在资源管理模块中查找并下载。

教育管理者:所有部门科室的人员在岗情况、会议情况、校产状况,我都可以通过手机掌握了。在可以预见的将来,所有的数据视图和分析报表,我都能够通过一部手机来完成。在周末,学校还有未处理完的办公内容,我可以利用手机进行事务的处理,既方便又快捷。

4. 成长记录

过去,我们通过纸质化记录保存学生的成绩和各种获奖信息,无法随时查看,也无法全面记录。同时,学生成长数据容易遗漏和丢失,导致教师和家长获取学生的信息不全面。此外,这种人工填写、手动保存的方式,无形中也增加了大量重复性工作。

博雅民立成长板块基于学生成长档案打造,完整记录学生在美好年纪中的成长历程(图 5)。该平台通过"一次采集""一键生成"家校联系册和电子学籍卡,帮助教师、家长和学生实时了解学生每个阶段的变化和优缺点,同时可以简化了数据记录流程,切实减轻了教师的工作量。

图 5　成长记录

成长板块采用自助式、伴随式、智能化的移动采集方式,全面记录学生在德智体美劳各方面的成长数据。该系统支持一键生成个性化成长报告,不仅有效减轻了教师在采集学生成长数据上的重复劳动,还实现校内学生数据共享。同时,基于数据分析结果,为教学改进提供科学依据。

班主任:每年的评优评奖又开始了,纸质化的申请太麻烦了,现在通过在线帮助学生申请奖项方便多了。通过手机我可以查看学生的身心健康状况、班级学生的成绩及各学科教师对学生的个性化随堂评价。这不仅能激发学生的积极性,还能帮助我挖掘学生的闪光点。

教师:今天上课有学生表现得特别突出,课堂结束后,我通过 APP 对学生的课堂表现进行评价。家长也能够在第一时间通过平台获悉学生的课堂表现。不仅所有的评价数据都有存留,同时评价反馈的时效性也能够实现最大化。

学生:为了让各科老师、班主任、同学更清楚地认识我,我要把自我介绍和自我评价填写得更加详细。经过一个阶段的学习积累,现在正是检验学习成果的时候了,我可以通过平台获取各科学习成绩了。

家长:家校联系册和电子学籍卡让我可以一览孩子在校各方面的情况。

5. 混合式学习

学校信息化建设的关键环节在于推进信息技术与课程的整合。尽管传统课堂教学存在固有的局限,但在当前教育背景下,以接受式学习为主的课堂模式仍是教学活动的主要形式,也是学生获取知识、培养能力的核心途径。因此,我们将积极探索课程与信息技术有效整合的作用,同时也将研究学生活动与信息技术整合的新领域。

图 6　混合式学习

博雅民立学习板块围绕混合式学习模式来构建,相关模块对教师在课前、课上、课后整个教学过程提供支持,对资源和工具的使用进行有效的规划、组织(图6)。同时,也为学生提供了自主学习的平台,激发了他们的积极性和自主性。

混合式学习模式解决了教师在网络主题式教学中整合多种信息的难题,包括论坛、测验、资源库、投票系统、问卷调查、作业平台、在线交流、专题讨论等功能。这种模式能够全方位支持教师和学生在课前、课上、课后等环节的教学需求,不仅激发了学生自主参与的积极性,更实现了线上学习与线下实践的有机结合。

教师:混合式学习的应用,为我进行在线课程的建设、知识点的梳理、题库的建设提供了便利。课前,我可以布置预习作业,通过即时反馈,了解学生预习情况,调整并组织教学内容。课上,我通过各种工具和资源的结合,增加课堂互动,激发学生的积极性。课后,我还可以通过APP发送随堂练习、学习情况的问卷调查来了解教学效果。

学生:课前,我可以通过APP对老师发布的内容进行预习。课上,我可以通过平板电脑参与互动,还能与小组同学讨论而不影响课堂秩序。课后,我通过手机和电脑进行在线练习,还可以查看自身学习的薄弱点,有针对性地选择知识点进行学习,有不清楚的地方还可以跟同学和老师进行互动交流。

6. 电子班牌

电子班牌以班级文化建设为核心,重点突出其在德育方面的积极作用。同时,它也是校园信息技术环境一个很好的应用载体,深入打通学生和教师、教师和家长、家长和学生之间的互动,推动校园信息化建设落地生根。电子班牌的应用将极大丰富和创新民立中学的教学生活。

电子班牌整合了射频卡技术、语音技术、多媒体技术和智能门禁系统技术,实现了软硬件的整合。该系统为每个教室配置了一个电子班牌,涵盖班级信息、班级文化、校园文化和学生考勤等功能,形成了学校独具特色的教学管理平台和校园文化传播载体。

电子班牌的建设凭借其更强的日常辐射能力和渗透功能,正逐步取代学校传统的班级黑板报、墙体宣传等形式。它不仅能够普及科学知识、拓宽学生视野,还能提升学生的管理能力、探究能力和信息素养。同时,该系统有效解决了学生在校期间无须依赖个人终端也能及时获取最新的各类通知的问题。

教务:所有的选课、活动信息在APP发布后,都能通过电子班牌自动推送给学生,使用非常便捷。

学生:在校不能使用手机,但现在通过教室门口的电子班牌就能查看各种通知。电子班牌上有"民立好声音"的报名通知,我可以去老师那里或者回家后通过 APP 报名了。对于选修课动态、投票排名、班级获奖情况等,电子班牌都能第一时间显示。此外,布置作业、日常评价、当日课表等信息也能随时查看,非常方便。

7. 电子学生证

学校致力于实现对学生各类校园卡的统一管理,在降低管理成本、提升管理效能的同时,进一步方便学生的校园生活。

通过对接市教委电子学生证与博雅民立平台的数据,配合电子班牌和校门处刷卡设备,学生仅需电子学生证即可完成门禁通行、图书借阅、活动报名等功能,未来还将提供多种增值服务。

家长:每天早上孩子通过学校校门,到校通知都会发送给我,我知道孩子已经到校了。

学生:我今天忘记在校门处进行刷卡考勤,但是我还是可以通过电子班牌刷卡。

教育管理者:学生到校情况、教师的考勤情况,我现在可以直接通过 APP 浏览,虽然巡校的工作还是要做,但所有情况我都能一目了然。

三、典型案例

案例一

挖掘混合学习中的数据价值,优化班级管理,支持个性发展
班主任张金梅在区学术季校学术活动论坛上的交流发言

俗话说,先成人才可成才,育人是一所学校的中心工作。而班主任是管理班集体的组织者、教育者和引导者。因此班主任的工作具有鲜明的时代性,工作理念必须与时俱进。在现在大数据的时代下,如何开发线上线下混合管理模式,提高班级的管理效率,实现多元化、人本化、个性化的教育管理,迫在眉睫。

我们曾经历过使用多种 APP 平台工作的阶段,例如博客、微信、晓黑板、易查分等,不同任务需要登录不同平台。我们一直希望能有一个专业的、综合的专属数字化管理平台。目前我们使用的博雅民立 APP,是以班集体为主体的师生和家长共享的网络交流平台。它不仅为班主任的管理提供了便捷的管理工具,也为学生提供了自我表现、自我管理、多向交流的互动空间,更为家庭教育增加了一条新的途径。

接下来,我就从三个方面分享我们班级使用数字化平台管理的情况。

一、利用数字化平台促进班级常规的有效管理

班级常规管理是班主任每天的例行工作,千头万绪。利用数字化管理平台,可以在一定程度上减轻统计的难度,提高管理效能。例如,日常考勤变得简洁明了,志愿者学时也便于统计,很容易看出哪些同学学时不够,班主任便可及时提醒他们积极报名志愿者活动。这样大大缩短了学生反复登录博雅网查询学时的时间,也提高了班主任的工作效率。此外,班主任还可以利用数字化平台为学生建立个人档案,记录学生各方面的表现及发展过程,以利于班主任用发展的眼光对学生进行全面、客观的评价,更有效地根据学生的实际情况制订班级常规管理的举措。同样,在平台上,学生和家长都可以看到单科成绩的曲线变化图以及多科成绩的雷达图。班主任也能在线上敏锐地追捕到这一信息,时刻关注学生成绩的浮动,更能关注到成绩背后的心理变化、家庭变化等,在线下及早地进行干预,提供切实的帮助。

我们除了使用博雅民立 APP 来实现线上管理之外,还经常利用班级门口的电子班牌(图7)。电子班牌除了提供一些日常的考勤、课表服务之外,学生们还可以利用课间在电子班牌上及时读到来自政教处、学生会、班主任等各种渠道的通知,省掉了层层通知的环节。除此之外,电子班牌也成为班主任德育教育的新手段。德国教育学家第斯多惠说过:"教育的艺术不在于传授本领,而在于激励、唤醒和鼓舞。"其实,无论是什么样的学生都渴望得到老师的肯定和鼓励。电子班牌对学生有很好的激励导向作用,会定期会发送一些与学生有关的先进方面的内容,比如评选出来的先进学生名单和照片、单元测试成绩优秀者、进步者的名单、学生的先进事迹和荣誉等。这些内容的展示既是对学生表现的肯定,又有效放大了学生的闪光点,从而起到了激励学生的作用。

图7 电子班牌

各项常规管理实现数字化管理后,显著简化了管理流程,提高了工作效率。

二、利用数字化平台增强班级的凝聚力

数字化平台将德育教育延伸至课堂之外。我们班利用线上的"微话题"及时解决线下出现的问题,有效增强了班级的凝聚力。

班级管理除了常规管理之外,更重要的是对良好班风、学风的建设,以及学生的品德的发展。现在学生学习比较紧张,以往我们一周的问题需要等到周五班会课才能展开讨论。现在利用数字化平台的"微话题",可以实现随时开展德育教育。比如在下乡学农活动后,我让同学们讨论最难忘的一件事。同学们都纷纷留言。其中,傅天宇同学留言道:"知识竞赛后,大家抢着安慰我,虽然我觉得自己没那么脆弱,但那天之后我真的很开心,感谢所有人。"我回复说:"团结的集体不会计较得失,而是更在乎你的感受和成长,加油!"

这些微话题讨论不仅让同学们的观点相互碰撞,及时解决问题,也为不善言辞的同学提供了表达渠道。同学们不仅可以畅谈自己的感受,还可以互相点赞。班主任也可以借此了解孩子的思想动态,实现情感上的"零距离"接触。多次讨论不仅增强了学生的集体意识、集体荣誉感和责任感,更增强了班级的凝聚力,从而奏响了班级发展的和谐乐章。

三、利用数字化平台记录学生成长的足迹

线下班级活动的每个精彩瞬间,我们都通过平台的班级相册完整记录着,留存每个同学的成长足迹。这里既有孩子们精彩作品的展示,也有他们成长中的喜怒哀乐;既记录了班级里一件件平凡的事,也承载着与班级有关的大事小情。数字化平台让我们的交流突破了时空限制,实现了全天候的畅通沟通。

如今,我们也可以利用班级数字化平台积极主动地争取家长参与到班级的建设中来。对家长而言,除了平时线下的家长会,数字化平台也成为他们了解孩子的渠道。他们可以通过平台在第一时间了解自己孩子的学习生活情况,可以通过浏览平台的图片了解自己孩子的班级环境以及各类活动留影。对教师而言,我们可以充分利用家长资源,让他们成为"编外辅导员",对班级中的一些事件,及时分析引导,实现教育效益最大化。

班级管理需要班主任细致入微的工作态度。通过线上整合,我们突破了时空的限制,延长了交流的时间,拓展了沟通的空间,提高了管理的效能,为教师、学生、家长提供了广阔的互动交流平台。时代在变,教育在变,学生在变,作为班主任必须持续学习,与时俱进。线上数字化管理结合线下针对性的教育;线下出现的问题

通过线上及时地展开讨论;线下点滴的成长通过线上数据记录在册。这样线上线下的混合管理模式,让我们的德育管理变得高效、温馨。

总之,借助博雅民立 APP,搭建班级数字化管理的新平台,创建班级管理的新模式,有利于优化班级的管理、支持学生的个性发展。对于这样的混合管理模式,我们仍然还在摸索的道路上,相信只要不断努力,我们会更加完善平台的建设和使用。

案例二

基于学习平台,拓展与优化高中化学混合学习路径的实践

化学老师唐松林在区学术季校学术活动论坛上的交流发言

近年来,在学校领导的指导和支持下,我们化学组一直坚持教育以人为本,助力每一位学生的发展,以信息技术助推个性化教学,在教学中逐步推进混合学习。

自从民立中学搭建了博雅民立学习平台,化学组开始了高中化学校本题库建设和在线化学作业设计,并开展了微课制作、预习、前测收集学情数据的实践研究。

今天在这里与各位专家同仁交流探讨,基于学习平台,拓展与优化高中化学混合学习路径的实践的一些做法和体会。下面以元素周期律复习课为例,具体谈一谈根据学情进行混合教学设计和实施的路径。

一、基于学习平台开展微课预习与前测——以学定教

在学习平台建成之前,教师对学生学情的把握主要来自课堂的提问、小练习和课后作业与测验的批改,对于某个学习内容的掌握程度的判断往往比较模糊,具体表现为:很少统计每道题的错误率,这种统计常常在期末网络阅卷系统中才会收集。日常教学中常感学生知识掌握不牢固,课堂作业讲评缺乏针对性且时间紧张。

引入学习平台后,教学方式发生了转变。课前,我根据教学基本要求,联系教学实际,分析课堂和作业中反映出的问题,优选微课内容并适当补充部分内容,制作 5 分钟左右的课前复习视频,帮助学生梳理知识脉络,加深理解和记忆。同时,我会精选 5 道前测题目,供学生观看微课后自我检测,也为复习课收集学情数据。

这种前测设计既有巩固微课学习的效果,又有任务驱动的作用。观察发现,沉稳型学生倾向于先观看后测试,而灵活型学生则习惯先尝试做题,再查漏补缺。这种方式让学生能够根据自己的知识经验和学习风格,选择最适合的学习路径。

基于学习平台,利用微课与检测为学生提供了个性化的学习资源和保障。教

师根据前测统计数据诊断学情,设计具有指向性的学生课堂活动,以学定教,让教学能够精准指向每一位学生。

二、基于学习平台实施课堂快速测评与交互式电子学历案——提升教学效率

在复习课落实重点学习内容时,教师经常会制作导学历案或引导学生制作章节复习思维导图。根据教学基本要求中的学习内容和学习水平要求,基于学习平台,我为学生制作了在线电子导学历案。每个学习内容完成后,学习平台可以帮助学生批改检查对错,学生可以在原有的基础上订正完善,形成自己的学习资料包。

在落实相关学习内容时,利用平台发起逐题快速测试投票,投票后立即看到统计结果,教师还能在后台查看每个选项对应的学生,知晓学习内容落实情况和需重点关注的学生,从而调取后续教学活动。

在混合学习推进初期,我同时为学生准备纸质学历案,学生可以填写纸质学历案,拍照上传学习平台,教师可以检查评分,分享展示。

课堂小结后,要对学习效果进行检查,我精选了5道尾测题目,完成后平台会显示批改结果和题目解析,并按照预设的评价标准为每位学生提供个性化反馈。针对错题,学生需查看题目解析并及时完成订正。

三、基于学习平台布置在线作业——提升作业效能

围绕本节课复习内容,我布置了在线作业,针对学习能力水平较高的学生提供了选做题目并配有详细解析。学生完成作业后可以查看错题解析,实现学习跟进。基于平台的在线作业,可以灵活设置作业时间、作业解析、反馈时间和教师的分段评价语言,甚至可以允许学生逐题检查、多次尝试、随时订正,巩固所学,充分发挥作业的效能。

平台的在线导学历案、在线快速检测和在线作业三大功能,显著提高了教学的交互性和实时性,增强了学生学习的积极性。这种模式让学生能根据自己的需求进行快乐学习、个性化学习,促进了每一位学生的发展。

当教育指向核心素养,"知识核心时代"将真正走向"核心素养时代"时,教师的任务不再是一味地灌输知识,而是关注学生需要什么。走进"互联网+"教育,运用技术拓展和优化混合学习路径,提供丰富的学习资源,组织多样的学习活动,满足学生个性化学习的需求,这样学生有了更多的选择,就会有更多的收获。

附件二 建设创新研究院，成就博雅型学子
——上海市民立中学促进博雅教育高质量发展的新探索

项目主持人卢晓菁校长在第八届"教育治理与学校变革"论坛2024年上海市教育领导学专业委员会年会上的发言

上海市民立中学创办于1903年，至今已有120多年的办学历史，现为上海市静安区公办完全中学，是静安区首批实验性示范性高中。建校120多年来，学校始终秉承"为民而立"的办学宗旨，以"勤学笃行"为校训，培养了一大批国家建设的栋梁之才。

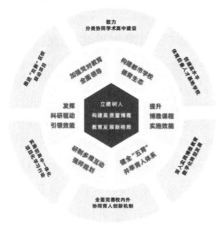

图1 "博雅教育"品牌

进入新世纪以来，学校全力打造"博雅教育"品牌，为培养具有"精深广博之学问，高尚儒雅之举止"的当代中学生而不懈努力。"十四五"时期是民立中学构建高质量博雅教育发展新格局的重要时期，我们本着"德育为本、教学为核、师资为重、科研为引"的工作原则，确定了博雅教育的"一核六维六翼"规划实施体系，推动学校高质量发展。

一、以综合评价牵引，为博雅教育定标

厚植学生创造力激发的博雅教育新生态，让每位民立学子都有人生出彩的机会，是我们工作的出发点和归宿。在新时代教育评价改革理念"改进结果评价、强化过程评价、探索增值评价、健全综合评价"的指引下，在区域教育重大课题研究的引领下，我们进行了激活创造力的学习组织方式变革的教育探索，旨在让校园成为"处处创造、天天创造、人人创造"的沃土，让博雅教育实现内涵式发展。

1. 基于课程教学现状，思考组织架构转型升级

早在上海市"二期课改"试验初期，民立中学被选为上海市首批"二期课改"实验基地。为了推进研究型课程的实施，学校成立"学生课题研究院"学生社团，旨在发挥学生自主组织能力开展合作探究和课题管理。在20年的时间里，"学生课

题研究院"在大规模推进学生课题研究方面起到了积极的示范和引导作用，不少优秀学生从课题研究和课题管理中脱颖而出，研究性学习逐渐成为丰富学习经历、促进学生发展的重要途径。

但是，近年来在学校素质教育创新改革设计和广大教师的深入实践中，我们也发现，一方面得益于学校推进了诸如校本课程开发、全员导师制、创新实验室建设、PBL 项目化学习、社会实践课程等促进学生个性发展的多项改革举措，从数量上基本实现"人人有课题"的学习面貌；而另一方面是学校的这些系列改革措施却没有形成促进学生创造性学习的聚合力量，很多学生在课题研究方面依然力不从心，研究性学习对学生创新精神和实践能力的培养作用还远没有体现出来。针对这些情形，我们进行了分层分类师生访谈和教学视导，我们发现，"学生课题研究院"的功能和架构确实需要转型升级。

2. 基于教育评价改革，建设"学生创新研究院"

2020 年 10 月，中共中央、国务院颁布《深化新时代教育评价改革总体方案》，落实立德树人根本任务、促进学生德智体美劳全面发展成为我们践行教学组织形式变革的根本遵循。博雅教育主张的"知识广博、体验丰富、思维深刻；包容仁爱、品行高尚、举止儒雅"内涵，需要精准对标教育评价改革的指挥棒方向。为此，我们以强化学生综合素质培养为教育"广博"之经、以培养适应终身发展和社会发展需要的正确价值观念、必备品格和关键能力为教育"高雅"之纬，以激活创造力为博雅"育人"之核，将学校传统的"学生课题研究院"转型升级为"学生创新研究院"。

图 2　"学生创新研究院"揭牌

国家新一轮课程改革的突破点在于聚焦新时代课程育人新要求，凝练核心素养。激活学生创造力是发展中国学生核心素养的高阶追求，是当前我国中学教育学科育人的迫切需要。相应地，学校教育教学改革的核心设计应把握核心素养的情境性、实践性特征，突出教学活动的自主性和融合性，促进创造性学习的实现。因此，我们认识到"学生创新研究院"的建设，不能只是简单地调整学习组织的名称，更重要的是贯彻创造力教育理念，更新研究性学习的评价导向，进一步深化和完善课程教学的校本管理机制，全面撬动学校育人方式改革。

二、以学习组织建设,为素养发展护航

创造性体现在"产生出某种新颖、独特、有社会意义或个人价值的产品的智力品质",在校域学习组织建设中贯彻"创新是第一动力"的基本观念,需要落实到师资、资源和载体的协同整合。为此,我们秉承"学生中心"和"学习中心"的育人立场,从师生联盟、空间资源和学术启蒙等方面策划建设,为激活学生创造力创设一个新平台,更为学生全面而有个性的发展提供创新之源。

1. 从学生社团到师生联盟,完善教学组织架构

创造性教育的主体是学校管理队伍、教师队伍和学生队伍三种群体,其教育效能体现在创造性管理、创造性环境、创造性师资、创造性实践和创造性学生五个方面。因此,在研究性学习中激活学生创造力,单靠学生自主管理和自主探究还是不够的,这在"学生课题研究院"的长期运作过程中表现得很明显。在学生院长组织能力较强时,课题研究院的作用发挥得就较好;在课题导师与学生结对较契合时,学生的课题研究质量明显提高。因此,组建匹配、紧密的师生研究联盟,是"学生创新研究院"组织架构的重要内容。

近年来,作为促进学生全面发展和终身发展的重要举措,加强学生生涯教育的"全员导师制"也在我校建立起来。在生涯教育课程与活动中,研究性学习这种面向真实生活世界的学习实践活动,正是增强学生的社会意识和社会参与能力,引导学生学会选择、自主发展的良好载体。因此,我们把由学生自主选择的生涯导师和课题研究导师进行分工协调,两者的公共集合部分导师就被聘为"学生创新研究院"的导师。这样既能避免教师作为"经师"和"人师"角色任务的可能分离,更有利于实现师生间有效的认知和情感双向互动,促进学生创造性思维的高位保持。

2. 从资料随机到空间整合,保障学习资源供给

开放性和实践性是创新性课题研究激发学生创造力的根本保证。课题研究的开放性意味着学习活动涉及学生自身生活和社会生活的广阔场景,而实践性意味着学习活动需要以类似于科学研究的方式将创新观点、创新方法和创新应用等形式呈现出来。因此,要帮助不同学生把不同类型的课题有质量地做出来,丰富、适切的学习空间和资源供给显得尤为重要。在"学生课题研究院"运行模式下,我们虽然有独立办公室用于课题管理,但学生的课题实质上是以自主性、碎片性的方式获取资料来开展研究的,这样源于社会资源的利用能力和家庭条件的支持差异,必然导致新的教育公平失衡。从这个意义上来说,对学校空间资源进行最大程度的整合、调配和挖掘,是促进创新教育公平和效益的必然之举。

　　学校空间是学校教育除教师以外的要素总和，它在现代教育中发挥的作用越来越重要。在基于学生创造力激发的学习环境营造中，需要深度重构学校教学空间的组织运行，使之成为学生多样化学习的"温馨教室"。"博雅"是民立人对教育的理解和追求，近年来，民立中学建设了包括校园智慧环境、多学科创新实验室、博雅苑自由学习空间和艺术创新实验室等促进学生博雅学习的新型学习空间。作为激发学生创造力的探索实践，我们将重新规划学校的建筑空间和信息空间功能，按照一个创新总部（中英文图书馆）、两个创新中心（STEM 中心和艺术人文中心）、N个创新工坊（校史馆、实验室、学科教室、屋顶花园、科劳工厂、美食摊位等）的布局，建设学生创新研究院的活动空间，为每一位民立学子提供尽可能完备的德智体美劳创新学习空间和资源。

3. 从课题任务到创新交流，推进学术启蒙教育

　　学术表达和公开交流是学生课题研究的基本环节，其相应能力是学生思维发展的显性表现，也是学生终身学习、工作和生活的基本技能，它在很大程度上影响着创造力的激发。近年来，在学生综合素质评价实施的大背景下，课题研究作为其中的纪实内容，我校学生已自觉将其作为学业任务的组成部分。在此氛围下，"学生课题研究院"的原有活动模式已不再能承载对全校学生课题研究的指导和管理功能。譬如，不同年级学生在多项大型课题、项目评比中涌现出来的优秀案例，就缺少校内表达、交流、示范的统一平台。

　　为此，我们借鉴我校参与静安区学术季活动的成功经验，在学校学术季期间开辟"博雅学生学术节"专场作为"学生创新研究院"的年度盛会，以学术素养作为学生课题研究的更高追求。学术的基本形式表现为对高深知识的研究、创新和交流，

弘扬学术自由、坚守学术道德、发展学术技能、促进学术交流是学术素养的基本指向。中学生的学术素养是其创造力特质的品格内涵和能力内核。我们搭建学生学术季交流平台,通过现场论坛、创新表演、平面展览和网络播送等途径,展示民立学子的课题成果和研究心路,对尊重学生学术成果、激励学生创新活动、引领学生高质量研究有明显的教育价值。同时,学生学术季活动也有效破解了学生创造成果只在年级内交流的局限,专家、校友、学长的学术经历和探索经验,也成为激发学生创造灵感的又一途径。

三、以挑战任务实践,为学习生涯添彩

我们以往对于"学生课题研究院"的组织运作,其弊端主要是在"强教"方面的设计相对多于"强学"方面的设计,"教"的管理线和"学"的落脚点之间缺乏"最后一步"的有效衔接机制,使得教师主导作用在一定程度上成为学生学习中头脑、双手、眼睛、嘴、空间和时间"六大解放"的制约因素。基于此,我们以挑战性任务驱动"学生创新研究院"的建设,全方位提升学生自主学习能力、合作学习技能和探究学习意识。

1. 设立研究院"创新超市",让学科课堂生发真实学习

学校教育的主阵地在课堂,常态化课堂教学必然是影响学生创造力发展的更深层次因素,具有挑战性、资源充足、良好师生关系、认同、适当压力等特征的课堂场景,才能更好地促进创造力的发展。为深度挖掘"学生创新研究院"的组织功能,学校鼓励教师基于学科核心素养,在课堂中开展挑战性任务的实践探索,建立创新型问题情境研究资源库。如果以超市为喻,那这即是"创新超市",学生完成问题解决作为"超市消费","学生创新研究院"负责"超市经营",师生共同营造民主、自由、和谐的教学氛围,让创新的种子播撒在广阔的课堂教学空间。

例如,高中语文教师开设"于自然山水体悟生命哲思"的群文阅读课,选取两篇古代散文《兰亭集序》与《归去来兮辞并序》,以比较阅读的形式探究挑战性任务在高中语文群文教学中的可实施性和对学生学习活力激发的有效性。初中数学教师从"二次函数的应用"单元视角,开设"水涨船高,船过拱桥"的挑战性任务,经历抛物线形拱桥问题的解决过程,体会数学来源于生活,又服务于生活,发展应用意识和创新意识等核心素养。高中地理老师在"交通运输与区域发展"主题教学中,设置"克拉地峡,'水陆通途'的未来博弈"的挑战性任务,并通过水陆之争、工程之望、通途之思三个子任务,引导学生认识交通运输和区域发展互为影响的机制,体

会交通运输优化国土空间结构的作用。像这些课例中有效实施的挑战性任务实践案例，都将成为"学生创新研究院"琳琅满目"创新超市"中的硬通货或最可机选用品。

2. 赋能研究院"传统项目"，让综合实践成为创新天地

在社会考察实践活动中组织学生开展课题研究，是我校多年来课程实施的一种常态。课题研究以问题为起点，但学生经历研究性学习过程而得到的问题解决并不是必然具有创造性的要素，不少学生的课题研究常常只表现为一种资料的汇总。为突出课题研究中的创造性内涵，学校依据《中国学生发展核心素养》的框架及其内涵，拟定了学生课题研究的评价指标，包括创新性、科学性、自主性三个维度和问题新颖程度、联系实际程度、方案严谨程度、数据收集程度、研究投入程度、总结反思程度六个要素。以创新为评价方案的第一要素，正是学校开展创造力养成教学的航标，也是"学生创新研究院"学习组织的工作目标。

如在高一年级国防教育活动中，学生以自由小组的形式在社会实践基地"就地取材"，测量并计算基地一辆模型坦克的炮筒与水平面所形成的夹角大小，且所有用于测量的工具只有卷尺，这也使得这个任务具有挑战性与探究性，同时如何将误差控制到最小成为了评价关键。又如在高二年级学农社会实践活动中，教师融合"大思政"理念，开展了别开生面的学科大活动"'在希望的田野上'——乡村振兴助力中国式现代化"，学生依据各自班级活动主题，创设专题场景，设计布展，开展跨学科互动和评比。"学生创新研究院"师生通过这些活动的课程化设置，有效增强了博雅教育的创新分量。

3. 开设研究院"创新展厅"，让博雅校园绽放创新火花

以"学生创新研究院"统筹引领学习方式变革，我们更深层的考虑是在民立中学博雅教育新课堂项目"用德育温暖课堂、用经历丰富课堂、用创新引领课堂"理念基础上，构建基于全域创新大课堂的高品质博雅教育生态链。其中，研究院的"创新展厅"，既是对已有多彩博雅课程学习的展示和示范，也是对学校创新文化的一种氛围营造和使命召唤。同时，我们知道，创造性人才是创新性思维和创造性人格的综合体，培养创造性人才需要强调思维和人格的同步。因此，激发学生创造力，不能止步于学生创造性思维能力的发掘发展，更需要关注其创造性人格的培养，把学生的创新设想、创新过程和创新成果展示出来，将具有更大的教育力量。

如学生在"好问题大赛"中提出"根据热力学定律，事物的熵会无法逆转上升，那么是什么使宇宙在诞生之初的熵这么低？"，展现了仰望星空的思考；在校园劳动

竞赛"木板凳制作"中,能够匠心独具、精雕细琢,附身作出自己心爱的小板凳作品;在校园"丹青致敬科学家"的百米长卷绘画中,画出国家功勋科学家的艺术作品,彰显艺术才华——这些正是博雅型学子的生动写照。这些创新微元素和创新研究、创新课例、创新任务等一道,都为研究院"创新展厅"提供了丰富的藏品、展品和宣传品。

教育即生活,学校即社会,教育评价关乎正确的办学方向和治校效能。我们以建设"学生创新研究院"为抓手促进博雅教育高质量发展的探索之路还很漫长,值得研究的内容还有很多。我们将进一步以学术素养为内核、以学术表达为外延,更好整合学科领域类课程和跨学科学习探究的支持因素,以盘活学校潜在教育资源,激发每一位师生的创造力,促进博雅教育提质增效,为办好人民满意的教育而不断努力。

参考文献

［1］ Driscoll,M. Blended learning:Let's Get beyond the Hype[J]. E-learning,2002(1).

［2］ Horn,M. & Staker,H. Blended：Using Disruptive Innovation to Improve Schools[M]. San Francisco：Jossey-Bass,2015(9).

［3］ 何克抗.从 Blending Learning 看教育技术理论的新发展[J].国家教育行政学院学报,2005(9).

［4］ 黄荣怀,马丁,郑兰琴,等.基于混合式学习的课程设计理论[J].电化教育研究,2009(1).

［5］ 陈卫东,刘欣红,王海燕.混合学习的本质探析[J].现代远距离教育,2010(5).

［6］ 肖婉,张舒予.混合学习研究领域的前沿、热点与趋势——基于 Citespace 知识图谱软件的量化研究[J].电化教育研究,2016(7).

［7］ 胡立如,张宝辉.混合学习:走向技术强化的教学结构设计[J].现代远程教育研究,2016(4).

［8］ 李逢庆.混合式教学的理论基础与教学设计[J].现代教育技术,2016(9).

［9］ 吴军其,刘玉梅.学习设计:一种新型的教学设计理念[J].电化教育研究,2009(12).

［10］ 杨现民,骆娇娇,刘雅馨,等.数据驱动教学:大数据时代教学范式的新走向[J].电化教育研究,2017(12).

［11］ 郑采星,丁静,张萌,等.基于 ISM 模型的混合学习绩效影响因素研究[J].中国信息技术教育,2015(19).

［12］ 邵雯娟.基于学习行为数据分析的混合式教学模式探究[J].电脑与电信,2018(5).

［13］ 冯晓英,王瑞雪,曹洁婷,等.国内外学习科学、设计、技术研究前沿与趋势——2019"学习设计、技术与学习科学"国际研讨会述评[J].开放教育研究,2020(1).

［14］ 李梦蕾,李爽,沈欣忆.2007—2017 年我国学习分析研究进展与现状分析——基于国内核心学术期刊文献的分析[J].中国远程教育,2018(10).

［15］崔允漷.指向深度学习的学历案［J］.人民教育,2017(20).

［16］张治.未来课程教学的信息化图景分析［J］.上海课程教学研究,2020(1).

［17］蒋永贵.论深度学习真实发生的表征及其课堂教学实现策略［J］.上海教育科研,2021(10).

［18］崔允漷.新时代新课程新教学［J］.教育发展研究,2020,40(18).

［19］丁奕,林琦.“双新”背景下学科教与学的变革路向［J］.上海教育科研,2022(2).

［20］陆伯鸿.学科单元教学设计的研究和应用［J］.上海课程教学研究,2018(4).

［21］周雨潇.学历案在高中化学深度学习的应用设计及实践研究［D］.武汉:华中师范大学,2021.

［22］王祥委.基于核心素养培养的高中物理学历案设计研究［D］.昆明:云南师范大学,2018.

［23］曹斌,鲍明丽,何松.中学混合学习研究综述［J］.教育参考,2019.

［24］罗滨.教研:在高处立,向阔处行［J］.北京教育(普教版),2019.

［25］尤小平.学历案与深度学习［M］.上海:华东师范大学出版社,2017.

［26］李木洲.新高考改革与基础教育的应对［J］.现代教育管理,2016.

［27］丁银娣.在生物学课堂中发展学生迁移力,有效激活创造力［J］.生物学教学,2023(48):16-18.